COMMUNICATIONS SCRIPTS

✤ 이 저서는 2013년도 전북대학교 저술장려비 지원에 의하여 연구되었음.

COMMUNICATIONS SCRIPTS

이종득 지음

전북대학교 출판문화원

Communications Scripts

지은이 이종득
펴낸이 서거석
펴낸곳 전북대학교 출판문화원

초판 1쇄 인쇄 2013년 12월 5일
초판 1쇄 발행 2013년 12월 10일

전북대학교 출판문화원
주 소 전라북도 전주시 완산구 어진길 32(풍남동2가)
내용문의 063) 219-5321~2
구입문의 063) 219-5321~2
팩 스 063)219-5323
출판등록 2012년 8월 20일 제465-2012-000021호

값 20,000원

ISBN 978-89-98534-05-9 93000

이 도서의 국립중앙도서관 출판시도서목록(CIP)은 서지정보유통지원시스템 홈페이지(http://seoji.nl.go.kr)와 국가자료공동목록시스템(http://www.nl.go.kr/kolisnet)에서 이용하실 수 있습니다.(CIP제어번호 : CIP2013025326)

서문

최근에 Communication Scripts는 웹뷰 자바스크립트와 안드로이드 어플과의 통신으로 인해 모바일 통신 시대의 새로운 대안으로 떠오르고 있다. Communication Scripts는 마이크로프로세서에 미리 정해진 특정한 기능을 수행하는 Instruction process로서 유/무선망의 발달로 인하여 부가가치가 높은 지식산업으로 인식되고 있으며, 활용가치가 점점 증대되고 있다.

이 책은 학생들의 창의적이고, 자유롭고, 자기주도적인 학습효과를 유도하기 위해 Communication Scripts를 기술하였으며, communication scripts를 전혀 모르는 사람들도 scripts구조를 잘 이해하고 따라 배울 수 있도록 기능들을 체계적으로 분류하고 구성하였다. 따라서 Communication Scripts를 배우는 학생들이 보다 쉽게 스크립트 지식을 습득할 수 있도록

- 기본 학습 및 응용 학습을 병행하여 학생 수준과 눈높이에 맞춘 학습 효과를 유도하고자 했으며,
- 교재 개발자 중심이 아닌 학습자 위주의 학습목표가 구현되도록 체계적이고, 단계적인 학습목표를 제시하였고,
- 학습 내용을 학습자가 직접 따라해 보면서 피드백 유도와 학습 성취감이 유도되도록 따라하기와 설명 부분을 제시하였으며,
- Communication 시대의 주역이 되도록 학습동기를 유발하며, 관련분야의 전문적 지식을 체계적으로 습득할 수 있는 기회를 제공하고 있다.

이 책은 전체 13개의 장으로 구성되어 있다. 1장에서는 scripts의 기본 개요와 기초 지식을 살펴보며, 2장에서는 scripts를 보다 잘 이해하기 위한 scripts구조와 태그기능에 대해서 살펴본다. 3장에서는 스크립트 제어를 위한 scripts연산구조에 대해서 살펴보며, 4장에서는 함수 호출을 이용한 객체 처리를 위한 scripts function에 대해서 살펴본다. 5장에서는 객체 처리를 위한 scripts object 구조에 대해서 살펴보며, 6장에서는 이벤트를 제어하고 실행시키는 scripts의 event 기능에 대해서 살펴본다. 7장에서는 scripts의 윈도우를 제어하고 실행하는 윈도우 객체에 대해서 살펴보며, 8장에서는 scripts frame에 대해서 살펴본다. 9장에서는 scripts의 입력 양식에 대해서 살펴보며,

preface

10장에서는 여러 객체들의 연산처리구조에 대해서 살펴본다. 11장에서는 임시 자료 처리와 저장을 위한 쿠키구조에 대해서 살펴보며, 12장에서는 scripts의 스타일 구조에 대해서 살펴본다. 끝으로 13장에서는 scripts구조를 이해할 수 있도록 layer 구조에 대해서 기술한다.

이제 여러분은 이 책을 통해서 새로운 통신 시대의 주역인 communication scripts를 정복하는 계기가 되기를 기대해 보며, 이 저서를 집필하는 과정에서 부족한 부분이나 잘못된 부분은 여러 독자들의 고견을 들어 수정, 보완하여 보다 알찬 도서가 될 수 있도록 노력할 것을 약속드린다.

끝으로 이 책을 출간하기 위해서 물심양면으로 수고해 주신 전북대학교 출판문화원 관계자분들께 감사의 뜻을 전하며 이 책을 집필하는 동안 도움을 준 사랑하는 가족들에게 고마움을 전한다.

2013년 11월

건지벌에서 저자 씀

차례

서문 5

제1장 Scripts의 개요 13

1.1 Scripts의 배경 15

1.2 Scripts의 특징 16

1.3 Scripts의 기본 문형 18

제2장 Scripts Tag 33

2.1 Tag의 기초 35

2.2 Script document 37

2.3 그 외 태그들 47

2.4 목록 만들기 52

2.5 표 만들기 57

2.6 배경 색 지정하기 68

2.7 문서 연결 73

2.8 그림파일 삽입 77

2.9 프레임 나누기 80

제3장 Scripts의 연산자와 제어구조 89

3.1 연산자 91

3.2 제어구조 97

제4장 Scripts Function 115

4.1 Function 117

contents

4.2 Return Function 121

4.3 지역변수와 전역변수 122

4.4 Embedded Function 124

4.5 Recursive Call Function 127

제5장 Scripts Object 129

5.1 Object 131

5.2 Method 134

5.3 Object의 참조배열 138

5.4 Object의 제어구조 140

5.5 Object의 구조도 141

5.6 Embedded Objects 144

제6장 Scripts의 Event와 Event Handler 167

6.1 Event 169

6.2 Event process 169

6.3 Event Handler 180

6.4 Event Object 181

제7장 Scripts의 Window Object 187

7.1 Window object 189

7.2 Window의 Open/Close 198

7.3 Window Dialog 198

차례

제8장 Scripts의 Frame	203
8.1 <frameset> Tag	205
8.2 <Frame> Tag	209
8.3 <noframes> Tag	212
8.4 Frame Overlapping	213
8.5 Frame Output	216
8.6 Frame Manipulation	219
제9장 Scripts의 Input Form	225
9.1 <form>	227
9.2 <input> Form	235
9.3 Text Form	238
9.4 Textarea Form	244
9.5 Password Form	249
9.6 Hidden Form	252
9.7 Button Form	254
9.8 Submit Form	257
9.9 Reset Form	259
9.10 Checkbox Form	261
9.11 Radio Form	266
9.12 Select Form	271
9.13 Fileupload Form	277

contents

제10장 Operation Objects 279

10.1 Document Object 281

10.2 History Object 287

10.3 Location Object 289

10.4 Link Object 293

10.5 Navigator Object 297

10.6 Image Object 300

10.7 Screen Object 303

제11장 Scripts Cookies 307

11.1 Cookies Structure 309

11.2 Cookies Information 312

11.3 Document Cookies 316

제12장 Scripts Style 321

12.1 Basic Stylesheet 323

12.2 Tag Attribute 328

12.3 ID Attribute 330

12.4 Font Processing 333

12.5 Text Processing 337

12.6 Text Format Processing 340

12.7 Background Processing 344

12.8 Class Processing 347

차례

제13장 Scripts Layer 351

13.1 Layer Tag 353

13.2 Layer Attributes 356

13.3 Layer Processing 361

〈부록〉 색상설정을 위한 RGB(Red Green Blue) 테이블 371

제 1 장

Scripts의 개요

1.1 Scripts의 배경

Script 언어는 문서 안에 직접 작성이 가능한 언어이며, 자바스크립트는 썬 마이크로 시스템사의 자바 라이렌스를 얻어 Live-Script라는 스크립트 언어로 시작되었다. Live Script를 기반으로 한 자바스크립트는 웹(WWW: World Wide Web)상에서 웹 문서를 작성할 수 있는 강력한 웹 문서작성언어로 발전하게 되었다.

스크립트언어는 Java Applet, Active-X Control, Browser Plug-In, ServerScript 등 기타 웹 객체들과 연동이 가능한 언어로서 Netscape Navigator, Microsoft Internet Explorer ,Opera Software를 지원하고 있으며 현재 웹 개발과 향후 웹 개발을 위해 중요한 언어로 부상되고 있다. 또한 스크립트는 각종 텍스트 정보 및 컴퓨터게임, 음악, 영화 등 멀티미디어정보를 검색할 수 있도록 하며 GUI(Graphic User Interface)환경을 지원함으로서 사용자에게 컴퓨터의 이용을 편리하게 제공하고 있으며 모바일 및 인터넷 세계를 마음대로 항해할 수 있는 기회를 제공하고 있다. 따라서 스크립트의 등장으로 인하여 명령어 처리 기능이 편리하게 되었으며 문서 작성에 어려움을 느끼고 있는 웹 문서 작성자에게 새로운 명령어 처리의 기회를 제공하게 되었다.

일반적으로 스크립트는 클라이언트와 서버로 나뉘어 실행된다. 첫째 클라이언트 측면에서 볼 때 웹 페이지의 문맥 안에서 작성된 웹 문서의 실행이 가능하며 둘째 서버측면에서 볼 때 웹 서버에 제출된 웹 문서를 처리하고 업데이트(Update)할 수 있다는 점이다. 스크립트는 비주얼 베이직(Visual Basic), 델파이(Delphi)와 같은 언어가 윈도우를 제어하는 이벤트 함수들을 제공하고 있는 것처럼 윈도우를 효과적으로 제어하고 문서를 동적으로 작성할 수 있는 메소드 함수와 이벤트 처리 함수들을 제공하고 있다. 이처럼 스크립트는 이벤트를 처리하기 위해 객체 형태로 이벤트 처리함수를 정의하여 사용하고 있다.

예를 들어, "폼 제출", "링크클릭"과 같은 이벤트 처리는 이벤트 핸들러에 의해 폼의 날짜를 확인하고, URL 주소를 만들고 새로운 웹 페이지로 이동하는 등의 작업을 수행하게 된다. 이벤트 처리를 위해 스크립트와 스크립트 언어는 서로 다른 방법으로 이벤트들을 처리한다. 스크립트는 이벤트 처리함수를 사용자의 동작에 반응하여 수행하며, 스크립트 명령어는 스크립트 문장들이 나올 때마다 스크립트 문장들을 실행한 후 파일을 한 번에 한 요소씩 파싱한다.

스크립트는 브라우저 프로그래밍의 제공으로 인하여 DB(Data Base)정보 엑세스와 전자상거래를 지원하며 CGI(Common Gateway Interface)프로그램을 대체하는데 사용되고 있다. 즉 스크립트는 CGI프로그램을 호출하여 웹서버 대신에 폼 데이터를 처리할 수 있으며 브라우저가 제공하는 데이터를 처리하고 서버를 통하여 정보를 브라우저에게 돌려주는 역할을 한다. 스크립트는 이처럼 여러 정보들을 사용하여 사용자에 의해 작성된 디스플레이 정보를 업데이트 할 수 있으며, HTML 문서, 웹 컴포넌트(Java, Active-X 등) 및 멀티미디어 플러그인을 통합하여 동적이고도 다양한 사용자의 입력에 반응할 수 있는 멀티미디어(예를 들어,VRML, 스타일 시트 등의 고급 브라우저 기능을 엑세스할 수 있는 기능들) 정보들을 작성하는데 사용되고 있다.

1.2 Scripts의 특징

일반적으로 자바 스크립트는 스크립트와는 달리 웹을 사용하는 많은 사용자에게 다양한 정보들을 제공하지만 페이지의 동적인 면을 제공하지 못하고 있다. 따라서 최근에 사용자들은 생동감 있는 명령어 처리를 위해 동적인 기능을 요구하고 있으며 자바스크립트는 이러한 기능들을 제공하고 있다. 다음은 자바스크립트가 동적인 웹 페이지를 작성할 수 있도록 지원하는 간단한 기능들이다.

- ▶ 자바스크립트 코드를 통해서 모든 웹 페이지의 요소들을 접근할 수 있도록 지원한다.
- ▶ 객체를 처리할 수 있도록 이벤트(Event) 함수를 지원한다.
- ▶ 웹 페이지를 능동적으로 처리 할 수 있도록 내장 프로시듀어를 지원한다.
- ▶ 스타일 시트, 레이어 기능 등을 제공하여 웹 페이지를 동적으로 작성할 수 있도록 한다.

또한 자바스크립트가 수행하는 일반적인 특징은 다음과 같다.

- ▶ 자바스크립트는 컴파일 방식이 아니다. 즉 자바스크립트는 인터프리터 방식의 언

어이다.

자바스크립트 브라우저는 문서가 브라우저에 로드될 때 문서의 스크립트 코드를 읽고 해석한다.

- ▶ 자바스크립트는 포인터를 지원하지 않는다. 자바스크립트는 C, C++, Pascal등의 언어와는 달리 포인터를 지원하지 않으며 객체의 처리 기능만을 제공하고 있다.
- ▶ 자바스크립트는 파일을 다루는 기능이 없다. 서버 측 자바스크립트는 파일을 다루는 기능을 제공하지만 클라이언트 쪽의 자바스크립트는 파일을 읽고 쓸 수 있는 기능이 없다.
- ▶ 자바스크립트는 진정한 객체지향 방식이 아니다.

자바스크립트는 상속 성 등 다른 객체지향 방식의 언어가 가진 기능들을 지원하지 못하고 있다.

- ▶ 자바스크립트는 작고 쉬운 스크립트언어이다. 즉 자바스크립트를 이용하여 작성된 웹 페이지는 기존의 HTML만으로 작성된 페이지코다 훨씬 능동적이다.
- ▶ 자바스크립트는 클래스를 지원하지 않지만 많은 내장객체(Built-In Object)를 지원하고 있다. 즉 내장 객체가 HTML 문서 내에 포함되어 실행된다.
- ▶ 자바스크립트는 컴파일 과정을 거치지 않고 브라우저(넷스케이프, 익스플로러)에서 실행된다.
- ▶ 자바스크립트는 실행 가능한 플랫폼(Java Applet, Active-X 등)들과 연동되어 수행된다.
- ▶ 자바스크립트는 사용자의 입력에 동적인 웹 페이지를 작성하는 기능을 제공한다.

이와는 달리 스크립트는 서버 스크립트를 통하여 객체를 처리한다. 스크립트 서버는 객체를 처리한 후 웹서버를 통해서 데이터를 요청하는 브라우저에게 다시 보낸다. 즉 웹서버는 스크립트를 처리하고 데이터를 브라우저에 전달하는 일 등을 수행한다. 다음은 스크립트 서버에서 스크립트를 수행하는 일반적인 기능들이다.

▶ 스크립트 서버는 스크립트 명령어를 호출하고, 데이터를 전달하며, 결과를 돌려주는 기능을 수행한다.

▶ 스크립트 서버는 CGI스크립트기능을 대체하는 역할을 한다. 즉 웹서버는 OS Shell, Perl, tcl, C 등 다른 언어로 작성된 여러 가지 CGI프로그램을 관리하는 역할을 수행한다.

▶ 스크립트 서버는 서버 측 어플리케이션을 보호해 주는 역할을 수행한다.

▶ 스크립트 서버는 데이터베이스를 접근할 수 있는 기능을 제공한다.

1.3 Scripts의 기본 문형

스크립트에서 사용되는 명령은 인터프리터를 통하여 컴퓨터에 전달된다.

주석문

주석문은 스크립트 코드를 설명하는 부분으로서 스크립트는 주석을 자체적으로 제공하고 있다. 주석문은 스크립트에 노트나 프로세싱 설명을 삽입하기 위해 사용되며 향후 스크립트 코드를 확장하거나 갱신하고자 할 때 코드확장을 용이하게 한다. 즉 주석은 스크립트 코드를 작성한 작성자가 몇 달 후 새로운 코드를 작성한다고 할 때 코드를 이해하기 쉽게 해준다. 스크립트의 주석문은 (//)형식과 주석(/*.....*/)의 형식을 사용한다.

// 형식의 주석:

예1.1) //형식의 예

```
// 이것은 스크립트의 주석을 나타낸다.
```

// 형식의 주석:

/*.........*/형식의 주석은 /*로 시작하여 */로 주석을 끝마친다.

예1.2) /*.....*/의 예

```
/* 이것은 스크립트 주석문입니다.*/
```

예1.3) 스크립트에서의 주석문1

```
<html>
<head>
<title> 스크립트에 오신 것을 환영합니다.</title>
<script language="javascript">
<!--     ...........................................html 문서에서의 주석
document.write("이것은 스크립트입니다.")
/* document.write 문은 "이것은 스크립트입니다."를 출력하는 문이다.*/
// 주석 끝-->        .........................html 문서에서의 주석 끝
</script>
</head>
<body>
</body>
</html>
```

예1.4) 스크립트에서의 주석문2

```
ch1-1.html
<html>
<head>
<title> 스크립트에 오신 것을 환영합니다 !.</title>
</head>
<body>
<script language="javascript">
<!--
/* body 문장에서 스크립트를 작성한 예*/
document.write("스크립트는 우리의 친구이다."+"<br>")
document.write("스크립트는 웹 작성언어이다.")
// 스크립트는 아름답다.-->
</script>
```

```
</body>
</html>
```

스크립트 삽입

HTML 문서 작성의 기본 형식은 HTML, HEAD, TITLE, BODY 부분으로 구성되어 있다. HTML 문서작성에 대한 내용은 2장을 참고하기 바란다.

script 코드는 〈script language="Javascript"〉와〈/script〉태그를 선언하여 HTML문서에 삽입하며 HTML 문서 작성처럼 영어의 대. 소문자를 구별하지 않는다. 그리고 스크립트코드는 HTML과 같은 방법으로 브라우저에 로드되며 코드실행은 위에서 아래로, 왼쪽에서 오른쪽으로 진행된다. 따라서 스크립트의 위치를 설정하고자 할 때는 위에서부터 실행이 되도록 문서의 앞부분에서 주로 설정된다.

예1.5)은 javascript 코드를 문서의 HEAD부분에 삽입한 예이다.

예1.6) javascript코드를 문서의 HEAD 부분에 삽입한 예

```
<html>
<head>
<title> 스크립트에 오신 것을 환영합니다.!</title>
<script language="javascript">
greeting="아! 내사랑 스크립트"
</script>
</head>
<body>
<script language="javascript">
document.write(greeting)
</script>
</body>
</html>
```

NOTE

script코드를 문서의 HEAD 부분에 삽입한 예의 설명

1번은 <html>문서 작성을 시작하는 태그(tag)이다. 스크립트 코드작성은 html 문서에 삽입하여 작성한다. 2번은 head부분을 기술해주는 태그로서 head 부분 안에 title 태그를 삽입하여 문서의 제목을 작성했다. 3번은 제목을 기술해주는 태그로서 이 예제의 제목은 "스크립트에 오신 것을 환영합니다.!"이다. 제목 표시줄에 "스크립트에 오신 것을 환영합니다."라는 제목이 나타나게 된다.

4번은 head부분 안에 <script language="javascript">를 선언한 부분이다. 이것은 스크립트언어를 구분해 주기 위한 문장이다. 5번은 변수 선언 부분으로서 변수 greeting은 "아! 내사랑 스크립트"를 문자열 값으로 받는다.(변수선언에 대해서는 뒷장에서 자세히 다룬다.) 6번은 <script>르 열었던 태그를 </script>로 닫는 태그이다. 7번은 head 부분으로 head를 열어 작업했던 내용을 닫는 태그이다. 8번은 html 문서를 작성하는 실질적인 부분으로서 문서 텍스트, 그래픽, 링크 등의 함수를 제공해 주는 몸체부분이다.

9번 <script language="javascript">는 4번 라인에서처럼 자바스크립트를 선언해주는 부분으로서 body 부분에 삽입된 문장이다.

10번은 5번 라인에서 선언된 변수명의 문자열 값을 함수 값으로 받아 처리해준다. 11번은 body부분에서 선언된 <script language="javascript">문장을 닫는 태그문장이다

12번은 열었던 body 태그를 닫는 태그이다. 끝으로 13번 문장은 html로 시작했던 문서를 닫는 태그이다.

출력문

스크립트의 출력문은 document.write(" ")문과 document.writeln(" ")문으로 구분된다.

document.write(" ")문은 문서에 데이터를 출력해 주는 출력문이며 document.writeln(" ")문은 줄바꾸기를 포함한 문서에 데이터를 출력해 주는 출력문이다.

출력문은 현재 문서의 내용을 출력하며 html 문서 작성명령 및 포맷 명령과 함께 문자열을 다양하게 처리한다.

다음은 출력문을 나타낸 예이다.

ch1-2.html

```
<html>
<head>
```

```
<title> 스크립트에 오신 것을 환영합니다.</title>
</head>
<body>
<script language="javascript">
document.write("한 잔의 술을 마시고<br>")
document.writeln("우리는 버지니아 울프의 생애와")
</script>
</body>
</html>
```

변 수

변수(Variable)는 스크립트에서 사용되는 값을 저장하여 스크립트의 데이터의 형태를 정의하고 저장할 기억공간을 할당하는 역할을 수행한다. 스크립트의 변수 명(이름)은 영어의 대문자(A ~ Z)와 소문자(a ~ z) 그리고 특수문자(!, &, −, $ 등), 숫자 등을 혼합하여 작성할 수 있으며 대·소문자를 구별한다. 그러나 스크립트의 예약어(표1.1 참조)는 변수명으로 사용할 수 없으며, 변수명의 첫 글자는 영문자이어야 한다. 스크립트의 변수의 형식은 다음과 같다.

변수의 형식

var 변수 명;

예1.7)

```
var lee;
// 변수 명이 lee이다.
var arirang;
// 변수 명이 arirang이다.
var mukoong−1;
// 변수 명이 mukoong−1이다.
var 3k1;
// 적절한 변수 명이 아니다. 이것은 첫 글자가 숫자로 작성되어 있다.
var with;
```

```
// 적절한 변수 명이 아니다. 이것은 스크립트의 예약어이다.
var Korea; var korea;
//변수Korea와 변수korea는 서로 다르다. 즉 소문자와 대문자를 구별
```

스크립트는 변수에 값을 직접 할당 할 수 있으며 변수에 값을 할당함으로서 초기화를 수행한다. 변수들에 값을 명확하게 초기화하지 않으면 그러한 변수에는 널(null)값이 할당되며 변수에 아무런 값을 할당하지 않고 변수를 숫자로 참조하고자 할 때는 인터프리터 에러가 발생한다.

다음은 변수에 할당된 값을 참조하고자 할 때 에러가 발생한 인터프리터 예이다.

예1.8)

```
var korea=0;
// 변수 korea에는 0값이 할당된다.
var hankook;
// 변수 hankook을 선언한다.
korea=korea+hankook;
//선언된 변수 hankook에 값을 할당할 수 없음으로 에러가 발생한다.
```

또한 스크립트 변수가 여러 개인 경우에는 변수와 변수사이에 콤마(,)를 이용하여 변수를 구분하여 사용한다.

변수에는 초기화된 변수 값을 이용하여 산술연산(+, –, /, *)이 가능하며 하나의 변수를 선언하여 다른 변수의 값을 초기화 할 수도 있다.

예1.9)

```
var hankook=100, korea=200;
// 한 문장에 두 개의 변수를 이용한 초기화
var hankook=100;
var min=hankook*3.14;
//변수 min에는 hankook에 할당된 값과
//3.14의 값을 수행한 결과가 저장된다.
```

〈표1.1〉 스크립트 예약어

abstract	boolean	break	byte	case
typeof	catch	char	class	const
continue	default	do	double	else
extends	false	final	finally	float
for	function	goto	if	implements
import	in	instanceof	int	interface
long	native	new	null	package
private	protected	public	return	short
static	super	switch	synchronized	this
throw	throws	transient	true	try
var	void	while	with	

자료형

스크립트는 다른 프로그래밍언어와는 달리 인터프리터가 변수에 포함된 자료형을 추적하고 변환할 수 있는 기능을 가지고 있기 때문에 변수에 포함된 자료형(data type)을 지정하지 않아도 된다. 즉 스크립트는 문자나 문자열, 정수, 실수(부동 소수 값), 논리 값 등을 자유롭게 지정할 수 있다.

스크립트가 지원하는 자료형과 리터럴(literal)을 살펴보면 다음과 같은 것들이 있다.

▶ 자료형과 리터럴

스크립트의 자료형은 명확하게 규정되어 있지 않다. 일반적으로 기본 자료형과 배열 그리고 객체형(type)들을 지원한다. 스크립트가 지원하는 기본 자료형에는 숫자, 문자열(string), 부울 값 등이 있다.

▶ number

숫자는 정수나 실수와 같은 특정형식의 숫자를 선언할 때 사용되며 스크립트에서는 정수와 실수를 구분하지 않고 정수와 실수를 숫자로 간주한다. 예를 들어, 정수 55와 실수 2.555는 숫자로 간주한다. number는 64bit IEEE 포맷을 따른다.

▶ 정수 값 표현

스크립트에서 정수는 10진수, 16진수, 8진수 등으로 표현된다. 10진수는 숫자 앞에 부호를 붙이지 않는다. 16진수는 heXadecimal을 나타내는 0x 또는 0X로 16진수를 표시하며 8진수는 0(octal)로 표시한다.

표1.2와 같이 16진수는 0에서9까지의 10개의 슷자와 A어서 F까지의 6개의 문자로 구성되어 있으며 8진수는 0에서 7까지의 8개의 숫자로 구성되어 있다.

〈표1.2〉 16진수와 8진수

16 진수(heXadecimal)				8 진수(Octal)	
0	0000	8	1000	0	000
1	0001	9	1001	1	001
2	0010	a	1010	2	010
3	0011	b	1011	3	011
4	0100	c	1100	4	100
5	0101	d	1101	5	101
6	0110	e	1110	6	110
7	0111	f	1111	7	111

예1.10)
```
dec=513;
// 십진수 값이 513이다.
hex=0xff;
// 16진수 값이 0xff이다.
oct=001;
// 8진수 값이 001이다.
```

▶ 실수 값 표현

스크립트의 실수 값(부동소수 값)은 값이 매우 크거나 작은 값을 표현할 때 사용된다. 다음은 실수 값을 표현한 예이다.

예1.11)
```
−2.214
0.005
// 소수점
5e4
```

```
// 지수 값
-4e-2
// 지수 값
```

문자열

문자열은 "2002 seoul worldcup"과 같은 문자들로 구성된 문자집합으로서 인용부호(‘),(“)를 이용하여 문자열을 표시한다. 즉 스크립트는 인용부호를 이용하여 문자열을 처리하며 이는 문자열을 코드로 해석하기 때문이다. 문자열의 형식과 예는 다음과 같다.

문자열 형식

str=" 문자열 " 또는 str=' 문자열 '

예1.12)

str="seoul"+"olympic"→ 이 문장은 문자열"seoul"과 문자열"olympic"이 문자열로 변환되어 str 변수에는 "seoulolympic"이라는 문자열이 할당 되게 된다.

str="worldcup"+2002 → 이 문장은 2002라는 정수형이 문자열로 변환되어 str 변수에는 “worldcup2002"라는 문자열이 할당되게 된다.

```
ch1-3.html
<html>
<head>
<title> 스크립트에 오신 것을 환영합니다.</title>
</head>
<body>
<script language="javascript">
// 대한민국은 나의 조국이다.
document.write("제목: 목마와 숙녀<br>")
document.write("지은이: 박인환<br>")
document.write("한 잔의 술을 마시고<br>")
document.write("우리는 버지니아 울프의 생애와<br>")
</script>
</body>
```

</html>

또한 스크립트에서는 예를 들어 기호 삽입, 라인 피드, 태그 문자 삽입과 같은 작업을 특수 포맷문자를 이용하여 문자열들을 처리 할 수 있다. 다음은 스크립트에서 문자열을 처리하는 특수 포맷 문자이다.

〈표1.3〉 문자열을 처리하는 특수 포맷 문자

포맷문자	의미
₩'	작은 따옴표
₩"	큰 따옴표
₩₩	역 슬래쉬
₩n	개행문자(다음 줄로 이동)
₩r	캐리지 리턴
₩f	폼 피드
₩t	수평 탭(탭 문자를 삽입)
₩b	백 스페이스

부울(Boolean)

스크립트의 부울 값은 참(true)과 거짓(false)을 나타낸다. 즉 브울 값은 참과 거짓을 돌려주는 연산자로서 조건을 만족하면 참값을 돌려주며 그렇지 않으면 거짓을 돌려준다. 이때 부울 값이 산술 연산에 적용하면 true 값은 1로 변환되며 false 값은 0으로 변환된다.

예1.13)
```
boolval=(1<5)
//부울값 1은 5보다 작으므로 조건을 만족하여 참값을 돌려준다.
boolval=(2=5)
/*부울값 2와 5는 같지 않으므로 조건을 성립하지 않아 거짓 값을 들려준다.*/
```

백 슬래쉬

백 스래쉬(₩)는 백 슬래쉬 뒤의 특수문자를 나타내는데 사용되며 특수 문자 앞에 (₩)를 작성하여 처리한다.

예1.14) document.write("박인환.:\\ 목마와 숙녀\\");
→ 결과:박인환.:\목마와 숙녀\

인용부호

스크립트는 인용부호(") 안에 또 다른 인용부호를 삽입하지 못한다. 인용부호를 삽입하는 경우 인터프리터는 인용부호를 끝을 알리는 인용부호로 간주하여 에러가 발생하며 스크립트에서 인용부호를 삽입하고자 할 경우에는 인용부호 앞에 백 슬래쉬(₩)를 사용하여 처리한다.

예1.15) var str=" 박인환,\" 목마와 숙녀\"");
document.write(str);
결과→ 박인환, "목마와 숙녀"

블럭문

스크립트의 블록 문(Block Statement)은 논리적으로 연관된 문장들을 그룹으로 묶는 기능을 수행하며 중괄호({ })를 사용하여 블록을 지정한다.

블록은 조건문 또는 반복문 등(반복루프)에서 실행되는 문장들을 블록으로 묶을 때 사용된다.

예1.16)
```
if(x>0){
document.write(" 박인환<br>");
document.write(" 목마와 숙녀<br>");
}
```

형 변환

스크립트는 변수를 선언할 때 변수의 형식을 지정하지 않는다. 따라서 변수의 형식은 프로그램 실행 중에 자동적으로 결정되며 스크립트의 자료형이 산술식에 적용되면 다른 자료형으로 자동 변환된다.

예1.17)
```
var ram=" 이종득";
//변수ram을 선언하고 그
//변수에 문자열 "이종득"을 할당한다.
var ram=55;
// 변수 ram에 정수 값 55를 할당한다.
var ram=true;
//부울의 true 값을 변수 ram에 할당한다.
```

객체 형

스크립트는 기본 자료형과 더불어 객체(Object)형을 지원한다. 객체형은 속성(Property)과 메소드(Method)들로 구성되며 스크립트에서의 객체는 내장객체와 사용자가 정의한 객체로 구성된다. 스크립트에서 새로운 객체 생성은 큰 의미를 지니지 않으며 객체는 보통 html 과 브라우저와 관련된 객체들을 다룬다.

배 열

배열(Array)은 동일한 형태를 갖는 데이터를 모아 놓은 집합으로서 변수들을 나열한 것이다. 변수들은 같은 변수 명을 가지며 첨자(Subscript)에 의해서 각기 구별된다. 배열은 배열을 사용하기 전에 배열을 선언해야 하며 배열의 형식은 다음과 같이 2가지 형식이 있다.

배열 형식

형식1: arrayname=new Array(Array length)

형식2: arrayname=new Array()

new는 새로운 배열을 생성하는 생성자 함수를 나타내는 키워드이다.

형식1은 배열의 길이를 지정하며 Array length는 배열의 길이를 나타내는 배열 요소의 수이다.

예1.18) year=new Array(12) // year는 배열 명이며 배열의 길이는 12이다.
형식2는 배열의 길이가 지정되어 있지 않으며 배열 선언 시 길이는 0이 된다.

예1.19) month=new Array() //배열 명은 month이며 배열의 길이는 0이다.
배열은 인덱스 또는 첨자를 이용하여 배열 요소를 표시하며 배열 첨자는[ ] 속에 나타내며 새로운 요소가 초기화되면 자동으로 배열의 길이를 확장시킨다.

예1.20) Dept=new Array(3)→ 배열의 요소가3개인 배열
Dept[0]="전자공학부"
Dept[1]="컴퓨터공학부"
Dept[2]="IT정보공학과"

예1.21) 배열의 초기화
animal[0]="호랑이"
animal[1]="사자"
animal[2]="원숭이"
animal[3]="고양이"

예1.22) array= new makeArray(7)→배열의 길이가 7인 배열 객체

스크립트의 배열요소 인덱싱은 항상 0에서부터 시작하며 배열의 첨자의 범위는 0에서 n−1까지이다. 즉 배열 요소의 첨자의 하한(Lower Bound)은 0이고 상한(Upper Bound)은 n−1이다.

```
ch1-4.html
<html>
<head>
<title> 스크립트에 오신 것을 환영합니다.</title>
</head>
<body>
```

```
<h1 align="center"> 목마와 숙녀<h1>
<script language="javascript">
sijip=new Array(5)
sijip[0]=" 한잔의 "
sijip[1]=" 술을 "
sijip[2]=" 마시고 "
sijip[3]=" 우리는 "
sijip[4]=" 버지니아 "
document.write(sijip[0]+"<br>")
document.write(sijip[1]+"<br>")
document.write(sijip[2]+"<br>")
document.write(sijip[3]+"<br>")
document.write(sijip[4]+"<br>")
</script>
</body>
</html>
```

ch-5.html

```
<html>
<head>
<title> 스크립트에 오신 것을 환영합니다.</title>
<script language="javascript">
<!-- 배열정의
function makeArray(n){
this.length=n;
for(var i=1;i<=n;i++)
this[i]=0;
return this;
}
// 함수를 정의하고 반복실행-->
```

```
</script>
</head>
<body>
<script language="javascript">
<!-- 배열시작
array=new makeArray(6);
array[1]="호랑이 "
array[2]="사자 "
array[3]="곰 "
array[4]="원숭이 "
array[5]="개 "
array[6]="고양이 "
document.write("<h1> 이것은 배열에 관한 내용입니다.</h1><p>");
for(var i=1;i<6;i++){
document.write("동물"+i+":"+array[i]+"<p>");
}
// 배열의 끝-->
</script>
</body>
</html>
```

스크립트는 배열요소 값에 제한을 받지 않으며 배열 요소 값은 여러 가지 형태의 자료형이 될 수 있으며 다른 배열이나 객체를 참조할 수도 있다.

제 2 장

Scripts Tag

2.1 Tag의 기초

Tag란 Hyper Text Markup Language의 약자로 웹브라우저에 하이퍼텍스트 기능을 가진 웹 페이지 문서를 작성하는 언어이다. Tag의 구조는 특별한 동작을 수행하는 태그와 문서 내용으로 구성되어 있다.

태그(tag)

태그란 스크립트 문서의 모양과 행동양식을 정해주는 하나의 명령어로서 문서를 읽고 쓰는 브라우저에게 명령어를 처리해 주도록 설명해 주는 부분이다. 태그는 지시자라고 하며 보통 "〈〉"로 둘러싸여 다른 문장들과 구별되어 사용한다. 스크립트 태그는 〈tag〉와 〈/tag〉로 시작태그와 끝 태그로 짝을 이루며 이 둘 사이에 문장이 들어가게 된다.

즉 〈〉로 둘러싸인 태그를 "시작태그(start Tag)"라고 하며 〈/〉로 둘러싸인 태그를 "끝태그(End Tag)"라 한다. 태그는 시작태그〈〉와 끝 태그〈/〉로 구성된 태그와 〈p〉, 〈br〉과 같이 끝 태그가 없이 시작 태그로만 구성된 태그들로 구성되어 있다.

다음은 스크립트 명령어 처리에서 사용되는 3가지 기본 태그의 형식과 태그의 특징을 나타낸 것이다.

▶ 기본 태그의 형식

1. 〈tag〉 내용 〈/tag〉
2. 〈tag 속성=인자〉 내용 〈/tag〉
3. 〈tag〉

▶ 태그의 특징

1.스크립트 태그는 대문자와 소문자를 구별하지 않는다.
2.모든 태그는 시작태그와 끝 태그로 구성된다.
3.스크립트 태그는 공백문자나 개행 문자를 무시한다.

HTML 문서의 기본형식

HTML 문서의 기본형식은 다음과 같다.

〈html〉→ html 문서의 시작부분

〈head〉→ 헤드의 시작부분

〈title〉→ 제목을 작성하는 시작 태그

문서의 제목을 작성하는 부분

〈/title〉→ 제목의 끝 태그

〈/head〉→ 헤드의 끝 태그

〈body〉→ 본문을 작성하는 시작 태그

문서를 작성하는 본체

〈/body〉→ 본문의 끝 태그

〈/html〉→ html 문서의 끝 태그

예2.1) 간단한 html 문서

```
<html>
<head>
<title> 스크립트에 오신 것을 환영합니다.</title>
</head>
<body bgcolor="yellow">
 이것은 자바스크립트입니다.
</body>
</html>
```

스크립트 명령어 처리시 고려할 점

스크립트 명령어 처리는 사용자가 어떤 브라우저를 사용하느냐에 따라 같은 스크립트 명령어라 하더라도 각기 다른 형태로 명령어들이 처리될 수 있다. 따라서 스크립트 명령어를 처리할 때에는 특정 브라우저에서만 화려하게 보이도록 디자인하는 것보다 누구나 읽기 쉽도록 명령어를 처리하는 것이 바람직하다.

〈표2.1〉 스크립트 명령어의 기본구조

〈HTML〉	현재 파일이 스크립트 문서임을 나타내는 태그로서 스크립트 문서 안에서 가장 처음과 끝에 나타난다.
〈HEAD〉	스크립트 문서에 대한 일반적인 정보를 표시하는 일종의 머리말로서 실제 브라우저 화면에는 출력되지 않는다.
〈TITLE〉	현재 작성된스크립트 문서의 제목을 작성하는 곳으로서 여기 서 작성된 제목은 브라우저의 제목 표시줄에 나타난다.
〈BODY〉	스크립트 문서의 내용을 작성하는 곳으로서 이 태그 안에는 속성들을 사용하게 되며 속성들이 브라우저에 나타날 때 사용 될 배경이미지, 배경 색, 글자색, 링크된 글자색들을 지정하게 된다.
공백문자의 무시	웹 브라우저가 스크립트 문서를 읽을 때에는 문서에 들어간 모든 공백 문자 예를 들어 스페이스문자, 탭, 리턴 문자 등은 스페이스를 한번만 인식을 하며 여러 번 반복된 스페이스나 리턴에 대해서도 스페이스를 한번만 인식한다.

2.2 Script document

document의 구성

〈Hn〉 문서의 내용 〈/Hn〉

문서의 구성(Hn:Heading)은 문서의 제목을 위해 사용되는 것으로서 제목의 글자 크기를 지정하며 n은 1에서 6까지 총 6가지의 종류가 있다.

〈표2.2〉 문서의 구성을 위한 글씨 크기 지정

〈H1〉문서의 제목〈H1〉	H1〈가장 큰 글자크기〉
〈H2〉문서의 제목〈H2〉	H2
〈H3〉문서의 제목〈H3〉	H3
〈H4〉문서의 제목〈H4〉	H4
〈H5〉문서의 제목〈H5〉	H5
〈H6〉문서의 제목〈H6〉	H6〈가장 작은 글자크기〉

예2.2) 글씨 크기 알아보기

따라하기

ch2−1.html

```
<html>
<head>
<title> 스크립트에 오신 것을 환영합니다.</title>
</head>
<body>
<h1> 이것은 자바스크립트입니다.</h1>
<h2> 이것은 자바스크립트입니다.</h2>
<h3> 이것은 자바스크립트입니다.</h3>
<h4> 이것은 자바스크립트입니다.</h4>
<h5> 이것은 자바스크립트입니다.</h5>
<h6> 이것은 자바스크립트입니다.</h6>
</body>
</html>
```

문단정렬<p>

문단 정렬 기능(P:Paragraph)은 문단을 왼쪽, 오른쪽, 가운데로 정렬해 주는 기능이다. 문단 정렬 속성은 align이다.

문단정렬 형식:

〈p align=left 또는 center 또는 right〉
left=왼쪽 정렬
center=가운데 정렬
right=오른쪽 정렬

문단정렬〈p〉는 단락이 시작하는 곳이나 단락이 끝나는 곳에 넣어서 단락을 구분하는 역할을 한다. 〈p〉태그는〈/p〉의 끝 태그를 사용하지 않아도 된다.

따라하기

```
ch2-2.html
〈html〉
〈head〉
〈title〉 스크립트에 오신 것을 환영합니다.〈/title〉
〈/head〉
〈body〉
〈h2〉 이것은 자바스크립트입니다.〈/h2〉
〈p align=left〉 정보통신학과 〈/p〉
〈p align=center〉 인터넷 정보처리학과 〈/p〉
〈p align=right〉 컴퓨터 영상정보학과〈/p〉
〈/body〉
〈/html〉
```

줄바꾸기

줄바꾸기(BR:Line Break)는 문서의 줄을 바꿀 때 사용한다.

따라하기

```
ch2-3.html
〈html〉
〈head〉
〈title〉 스크립트에 오신 것을 환영합니다.〈/title〉
〈/head〉
〈body〉
〈h2〉 이것은 자바스크립트입니다.〈/h2〉
정보통신학과 〈br〉
인터넷 정보처리학과 〈br〉
컴퓨터 영상정보학과〈br〉
```

```
</body>
</html>
```

수평선 지정 <HR>

수평선(HR: Horizontal Rule)지정태그는 화면에 수평선을 그리고 싶을 때 사용하며 주로 단락과 단락을 구분할 때 사용된다. 수평선 지정은 화면의 크기를 픽셀 단위와 백분율(%)로 구분하여 지정한다.

<HR> 태그의 형식:

<HR> 태그의 속성

<HR SIZE=n>: 수평선의 두께를 지정
<HR WIDTH=n>: 수평선의 너비를 지정
<HR ALIGN=LEFT 또는 CENTER 또는 RIGHT>: align의 왼쪽정렬, 가운데 정렬, 오른쪽 정렬
<HR NOSHADE>: 수평선에 음영효과를 지정하지 않음

따라하기

ch2-4.html

```
<html>
<head>
<title> 스크립트에 오신 것을 환영합니다.</title>
</head>
<body>
<h2> 이것은 자바스크립트입니다.</h2>
<hr align=left width=90%>
정보통신학과
<hr align=center width=50%>
인터넷 정보처리학과
```

```
<hr align=right width=80%>
컴퓨터 영상정보학과
<hr noshade> 게임 정보학과
</body>
</html>
```

따라하기

ch2-5.html

```
<html>
<head>
<title> 스크립트에 오신 것을 환영합니다.</title>
</head>
<body>
<h2> 이것은 자바스크립트입니다.</h2>
<hr align=left width=90% size=5>
정보통신학과
<hr align=center width=50% size=3>
인터넷 정보처리학과
<hr align=right width=80% size=1>
컴퓨터 영상정보학과
</body>
</html>
```

가운데 정렬<CENTER></CENTER>

가운데 정렬 태그는 문장이나 글자들을 가운데로 정렬시키는 기능을 한다.

따라하기

ch2-6.html

```
〈html〉
〈head〉
〈title〉 스크립트에 오신 것을 환영합니다.〈/title〉
〈/head〉
〈body〉
〈h2〉 이것은 자바스크립트입니다.〈/h2〉
〈center〉
정보통신학과
〈/center〉
인터넷 정보처리학과
〈center〉
컴퓨터 영상정보학과〈br〉
게임 정보학과
〈/center〉
〈/body〉
〈/html〉
```

폰트 크기<FONT>

폰트크기는 글자크기를 조절하는 태그로서 글씨체를 좀더 자유롭게 사용하기 위한 태그이다.

폰트 속성은 SIZE=1부터 7까지이며 폰트 크기의 기본 값은 3이다. "+", "−"기호를 사용하여 폰트 크기를 지정할 수 있으며 color를 이용하여 "color=폰트"의 색을 지정할 수 있다.

이 태그는 넷스케이프에서 확장된 기능으로서 다른 브라우저에서는 작동하지 않을 수도 있다.

예를 들어 〈font size=+2〉은 기본 값 3에 글자 크기 2를 더한 값이다. 즉 글자 크기는 〈font size=5〉와 같다.

폰트 크기의 형식:

〈font size=1부터 7까지의 번호〉 문서 내용 〈/font〉

따라하기

```
ch2-7.html
〈html〉
〈head〉
〈title〉 스크립트에 오신 것을 환영합니다.〈/title〉
〈/head〉
〈body〉
〈p align=center〉
〈h2〉 이것은 자바스크립트입니다.〈/h2〉
〈font size=7〉정보통신학과〈/font〉〈br〉
〈font size=6〉인터넷 정보처리학과〈/font〉〈br〉
〈font size=5〉컴퓨터 영상정보학과〈/font〉〈br〉
〈font size=+1〉게임 정보학과〈/font〉〈/p〉
〈/center〉
〈/body〉
〈/html〉
```

형식 지정 태그<PRE>

〈PRE〉태그는 입력한 문서의 내용과 형식을 작성한 형식 그대로 출력하는 태그이다. 이 태그는 시스템의 고정 폰트를 사용하며 문서 편집 시 편집된 형식 그대로가 브라우저에 출력된다. 따라서 이 태그는 글자의 간격을 유지하여 표를 작성하거나 문서의 형식을 미리 지정하여 문서를 편집하고자 할 경우 유용하다. 〈FRE〉태그를 사용할 때 주의해야 할 사항은 이 태그 안에 문단정렬〈P〉나 줄바꾸기〈BR〉과 같은 문서모양을 지정하는 태그와 탭 기능을 사용해서는 안 된다.

〈PRE〉 태그 형식:

〈PRE〉 문서 내용 〈/PRE〉

따라하기

```
ch2-8.html
〈html〉
〈head〉
〈title〉 스크립트에 오신 것을 환영합니다.〈/title〉
〈/head〉
〈body〉
〈pre〉
              목마와 숙녀
                        지은이: 박 인환
        한 잔의 술을 마시고
        우리는 버어지니아 울프의 생애와
        목마를 타고 떠난 숙녀의 옷자락을 이야기한다.
〈/pre〉
〈/body〉
〈/html〉
```

따라하기

```
ch2-9.html
〈html〉
〈head〉
〈title〉 스크립트에 오신 것을 환영합니다. 〈/title〉
〈/head〉
〈body〉
〈center〉
〈h2〉 PRE 태그에 대한 내용입니다.〈/h22〉
```

```
</center>
<pre>
 이   름        출신지            좋아하는 연예인
 홍길동         강원도              핑   클
 호돌이         충청도              서태지
 이슬기         전주시              H.O.T
 이보람         부산시              안재욱
</pre>
</body>
</html>
```

<XMP></XMP>

이 태그는 주로 예문을 나타낼 때 사용하는 태그로서 일반적으로 글자 모양을 고정 폭 글자체 형식으로 출력하고자 할 때 사용된다. 즉 입력한 내용, 모양, 형식을 그대로 표현하고자 할 때 사용된다.

<XMP>태그의 형식:

<XMP> 문서 내용 </XMP>

따라하기

ch2-10.html

```
<html>
<head>
<title> 스크립트에 오신 것을 환영합니다.</title>
</head>
<body>
<pre>
한 잔의 술을 마시고
```

```
우리는 버어지니아 울프의 생애와
〈/pre〉
〈hr〉
〈xmp〉
목마를 타고 떠난 숙녀의 옷자락을 이야기한다.
목마는 주인을 버리고 거저 방울소리만 울리며
〈h1〉 가을 속으로 떠났다.〈/h1〉.
〈/xmp〉
〈/body〉
〈/html〉
```

<BLOCKQUOTE></BLOCKQUOTE>

이 태그는 다른 글을 인용할 때 주로 사용되는 태그로서 인용 문단의 왼쪽과 오른쪽에 여백을 만들고자 할 때 사용된다.

〈BLOCKQUOTE〉태그의 형식:

〈BLOCKQUOTE〉 문서 내용 〈/BLOCKQUOTE〉

따라하기

```
ch2-11.html
〈html〉
〈head〉
〈title〉 스크립트에 오신 것을 환영합니다.〈/title〉
〈/head〉
〈body〉
한 잔의 술을 마시고〈br〉
우리는 버어지니아 울프의 생애와〈br〉
〈hr〉
```

```
<blockquote>
목마를 타고 떠난 숙녀의 옷자락을 이야기한다.<br>
목마는 주인을 버리고 거저 방울소리만 울리며<br>
가을 속으로 떠났다.
</blockquote>
</body>
</html>
```

html의 주석은 문장을 설명하는 설명 부분이다. 주석은 <!-- 로 시작하여 //-->로 끝난다.

사용방법

```
<!-- 주석 시작
html 문장 또는 자바스크립트 문장
//    주석 끝-->
```

2.3 그 외 태그들

논리적 스타일

논리적 스타일이란 문자의 모양을 강조하기 위해서 사용되며 논리적 스타일을 지원하지 않는 브라우저에서는 모양이 제대로 강조되지 않는다.

▶ **<DFN></DFN>**

이 태그는 용어를 정의할 때 사용하며 일반적으로 글자모양은 이탤릭체나 볼드체로 나타난다.

▶ **<EM></EM>**

이 태그는 글자를 기울어지게 하는 이탤릭체로 문자를 강조할 대 사용한다. 이탤릭체를 나타내는〈I〉태그와 유사하다.

▶ 〈CITE〉〈/CITE〉

이 태그는 책 또는 제목의 인용문구를 나타낼 때 사용한다. 일반적으로 이탤릭체로 나타난다.

▶ 〈CODE〉〈/CODE〉

이 태그는 타이핑된 컴퓨터 프로그램 코드를 나타낼 때 사용하는 것으로, 일반적으로 영어의 타자기 체로 나타난다.

▶ 〈KBD〉〈/KBD〉

이 태그는 컴퓨터로 입력한 글자를 나타낼 때 사용한다. 일반적으로 고정 폭 글자체로 나타난다.

키보드 입력 Keybord input

▶ 〈SAMP〉〈/SAMP〉

이 태그는 컴퓨터의 상태메시지를 나타낼 때 사용한다. 일반적으로 고정 폭 글자체로 나타난다.

▶ 〈STRIKE〉〈/STRIKE〉

이 태그는 문자 중간부분에 줄을 그어주는 태그로서 주로 문자를 강조하기 위해 사용된다.

▶ 〈STRONG〉〈/STRONG〉

이 태그는 특정문자를 강조하기 위해 사용하는 태그로서 글자모양은 볼드체로 나타난다.

▶ 〈VAR〉〈/VAR〉

이 태그는 주로 변수이름을 나타낼 때 사용하는 태그로서 글자모양은 이탤릭체로 나타난다.

▶ 〈AU〉〈/AU〉

이 태그는 글을 만든 사람의 저자이름을 표시할 때 사용하는 태그이다.

▶ <ARG></ARG>

이 태그는 프로그램의 기능 및 줄거리를 설명할 대 사용되는 터그이다.

따라하기

ch2-12.html

```
<html>
<head>
<title> 스크립트에 오신 것을 환영합니다.</title>
</head>
<body>
<em>한 잔의 술을 마시고</em> <br>
<strong>우리는 버어지니아 울프의 생애와</strong> <br>
<hr>
<code>목마를 타고 떠난 숙녀의 옷자락을 이야기한다.</code> <br>
<kbd>목마는 주인을 버리고 거저 방울소리만 울리며</kbd> <br>
<cite>가을 속으로 떠났다.</cite>
</body>
</html>
```

물리적 스타일

물리적 스타일이란 글자의 모양을 아래첨자, 위 첨자, 이탤릭체 등과 같이 글자 모양을 실제로 지정하는 태그로서 두 가지 이상의 태그를 사용할 수 있다.

▶ <B></B>

이 태그는 원하는 글씨를 굵은 글씨체로 나타내고자 할 때 사용된다.

▶ <BIG></BIG>

이 태그는 현재 정의된 폰트보다 좀 더 큰 글씨체로 만들 때 사용된다.

▶ 〈I〉〈/I〉

이 태그는 이탤릭체로 나타내고자 할 때 사용된다.

▶ 〈U〉〈/U〉

이 태그는 특정문자를 밑줄문자로 나타내고자 할 때 사용된다.

밑줄문자 Underline

▶ 〈TT〉〈/TT〉

이 태그는 타자기로 친 것처럼 만들고 싶을 때 사용된다.

▶ 〈BLINK〉〈/BLINK〉

이 태그는 특정문자를 깜박거리도록 만든다. 이 태그는 넷스케이프에서 확장한 기능으로서 익스플로러에서는 작동되지 않는다.

▶ 〈SMALL〉〈/SMALL〉

이 태그는 현재 지정된 폰트보다 폰트의 크기를 작게 만들고자 할 때 사용된다.

▶ 〈SUB〉〈/SUB〉

이 태그는 특정부분을 아래첨자로 나타내고 자 할 때 사용된다.

특정부분의 아래첨자 Supersxription

▶ 〈SUP〉〈/SUP〉

이 태그는 특정부분을 위 첨자로 나타내고 자 할 때 사용된다.

특정부분의 윗첨자 Supersxription

따라하기

ch2-13.html

〈html〉

〈head〉

〈title〉 스크립트에 오신 것을 환영합니다.〈/title〉

〈/head〉

```
<body>
<b>한 잔의 술을 마시고</b> <br>
<i>우리는 버어지니아 울프의 생애와</i> <br>
<hr>
<u>목마를 타고 떠난 숙녀의 옷자락을 이야기한다.</u> <br>
<big>목마는 주인을 버리고 거저 방울소리만 울리며</big> <br>
<small>가을 속으로 떠났다.</small> <br>
<sup> 술병에서</sup>
</body>
</html>
```

▶ <PLAINTEXT></PLAINTEXT>

이 태그는 앞의 <PRE>태그처럼 문단을 입력된 형식으로 보여주는 태그이다. 문장이 입력된 형식으로 결과가 웹 브라우저에 출력된다.

▶ <ADRESS></ADRESS>

이 태그는 HTML 문서를 만든 사람이 누구인지를 알리기 위하 사용되는 태그로서 전자우편 등의 주소를 나타낼 때 사용된다.

따라하기

ch2-14.html

```
<html>
<head>
<title> 스크립트에 오신 것을 환영합니다.</title>
</head>
<body>
<b>한 잔의 술을 마시고</b> <br>
<i>우리는 버어지니아 울프의 생애와</i> <br>
<hr>
<address>
```

목마를 타고 떠난 숙녀의 옷자락을 이야기한다.
</address>
</body>
</html>

2.4 목록 만들기

순서 있는 목록

순서 있는 목록이란 스크립트 문서에서 1, 2, 3… 또는 A, B, C… 등 문장 앞에 순서를 지정할 때 사용하는 태그이다. 이 태그는 <BLOCKQUOTE> 태그처럼 들여 쓰기가 수행되며 문장 앞에 순서가 리스트된다. 순서 있는 목록에 적용되는 태그는 <OL>, <UL>, <MENU>, <DIR> 등으로 구성되어 있으며 <LI> (LI:List Item) 태그는 순차적인 목록을 작성할 때 사용된다.

▶ <OL></OL>

이 태그는 리스트의 순서에 따라 번호를 나타낼 때 사용하는 태그이다.

<OL>...</OL> 태그의 형식

<ol>
<li type=A>→문장 앞에 알파벳 대문자 A, B, C...가 리스트된다.
<li type=a>→문장 앞에 알파벳 소문자 a, b, c...가 리스트된다.
<li type= I >→문장 앞에 로마 숫자 대문자 Ⅰ, Ⅱ, Ⅲ...가 리스트된다.
<li type= i >→문장 앞에 로마 숫자 소문자 ⅰ, ⅱ, ⅲ...가 리스트된다.
<li>→문장 앞에 숫자 1, 2, 3...이 리스트된다.
</ol>

따라하기

```
ch2–15.html
〈html〉
〈head〉
〈title〉 스크립트에 오신 것을 환영합니다.〈/title〉
〈/head〉
〈body〉
〈ol〉 내가 좋아하는 연예인
〈li〉 핑클
〈li〉 h.o.t
〈li〉 안재욱
〈li〉 이휘재
〈li〉 송윤아
〈/ol〉
〈/body〉
〈/html〉
```

NOTE

〈LI〉는 〈OL〉태그 다음에 써주며 각 목록(리스트) 앞에서 사용한다.

〈LI〉태그의 속성은 [TYPE–A(알파벳 대문자), a(알파벳 소문자), I(로마숫자 대문자), I(로마숫자 소문자)]로 구성되며 이 속성 값은 "순서 있는 목록"에서만 사용된다.

따라하기

```
ch2-16.html
〈HTML〉
〈HEAD〉
```

```
〈TITLE〉 스크립트에 오신 것을 환영합니다.〈/TITLE〉
〈/HEAD〉
〈BODY〉
〈H2〉 이것은 순서 있는 목록에 대한 예이다.〈/H2〉
〈OL〉 내가 좋아하는 운동선수
〈LI〉박세리
〈LI〉김미현
〈LI〉안정환
〈LI〉허재
〈/OL〉
〈HR〉
〈OL〉
〈LI TYPE=a〉박세리
〈LI TYPE=a〉김미현
〈LI TYPE=a〉안정환
〈LI TYPE=a〉허재
〈/OL〉
〈HR〉
〈OL〉
〈LI TYPE=A〉서장훈
〈LI TYPE=A〉이동국
〈LI TYPE=A〉이승엽
〈LI TYPE=A〉선동렬
〈/OL〉
〈/BODY〉
〈/HTML〉
```

NOTE

이 예제는 〈LI〉태그의 여러 속성을 이용한 예이며 HTML 문서를 대문자로 작성하였다. 앞에서도 설명했듯이 HTML문서는 영어의 대 · 소문자를 구별하지 않는다.

순서 없는 목록 만들기

▶ 〈UL〉〈/UL〉

이 태그는 목록에 번호를 붙이지 않을 때 사용하는 태그로서 목록을 시작하는 곳에 쓴다. 그리고 각 목록에는 〈LI〉태그를 붙여 사용한다. 〈UL〉태그의 속성은 〈UL TYPE=disc 또는 circle 또는 square〉에서처럼 disc, circle, square를 사용한다.

〈UL〉...〈/UL〉태그의 형식

〈ul〉

〈li type=disc〉→문장 앞에 검은 원 모양이 리스트된다.

〈li type=circle〉→문장 앞에 하얀 원 모양이 리스트된다.

〈li type=square〉→문장 앞에 검은 네모 모양이 리스트된다.

〈li〉→문장 앞에 검은 원 모양이 리스트된다.

〈/ul〉

따라하기

ch2-17.html

```
〈html〉
〈head〉
〈title〉 스크립트에 오신 것을 환영합니다.〈/title〉
〈/head〉
〈body〉
〈h2〉 이것은 순서 있는 목록에 대한 예이다.〈/h2〉
〈ul〉 내가 좋아하는 운동선수
〈li〉박세리
```

```
<li> 김미현
<li> 안정환
<li> 허재
</ul>
</body>
</html>
```

▶ <MENU></MENU>

메뉴목록은 화면상에서 나타나는 모습이 "순서없는 목록"과 거의 같으며 길이가 짧은 목록을 만들 때 주로 사용하는 태그이다.

▶ <DIR></DIR>

디렉토리 목록은 디렉토리 리스트를 나타낼 때 사용하며 파일 이름과 같이 길이가 짧은 목록들을 나타낼 때 사용한다. 각 목록에는 <LI> 태그를 사용한다.

▶ <DL></DL>

목록용어정의는 용어에 대한 설명을 작성할 때 사용하는 태그이다.

▶ <DT>

이 태그는 용어에 대한 이름을 쓸 때 사용하는 태그이다.

▶ <DD>

이 태그는 용어에 대한 설명을 쓸 때 사용하는 태그이다.

따라하기

```
ch2-18.html
<html>
<head>
<title> 스크립트에 오신 것을 환영합니다.</title>
</head>
<body>
```

<h2> 이것은 용어정의 목록에 대한 예이다. </h2>
<dl>
<dt> url
<dd> 인터넷상의 각종 자원의 위치를 나타내기 위해 사용되는 표준 주소이다.
<dt> http
<dd> http는 www 서비스에서 클라이언트와 서버 사이에서 통신할 때 사용하는 통신 프로토콜(protocol)이다.
</dl>
</body>
</html>

2.5 표 만들기

스크립트에서 사용되는 표의 기능은 우리들이 한글 워드프로세서에서 사용되는 표의 기능과 유사하다. 스크립트 명령어 처리에서는 가지런히 텍스트 문서를 작성하는 기능과 이미지를 잘 정돈한다 하는 기능이 없다. 따라서 이러한 기능을 수행하기 위해서는 표의 기능을 이용하여야 한다.

▶ <TABLE></TABLE>

이 태그는 표를 만들 때 사용하는 태그이다. 표의 시작을 알리는 시작태그<TABLE>와 끝 태그</TABLE>로 구성되며 표와 관련된 명령어들을 이 태그 안에 작성한다.

<표2.3> <TABLE>태그의 속성

BORDER	표의 테두리(경계)를 나타낸다. 숫자를 지정하여 테두리를 결정한다.
CELLSPACING	셀과 셀 사이의 간격을 바꾸고 싶을 때 사용한다.
CELLPADDING	셀의 안쪽 여백을 지정할 때 사용한다.
WIDTH	가로크기(즉 너비)를 지정한다.
HEIGHT	세로크기(즉 높이)를 지정한다.
ALIGN	표를 정렬할 때 사용되는 기능이다.

예) <TABLE BORDER=3>
<TABLE BORDER=3 WIDTH=300 HEIGHT=200>

여기서 BORDER=3은 표의 테두리 두께이며 WIDTH는 가로크기이고 HEIGHT는 세로크기이다.

▶ 〈TH〉〈/TH〉

이 태그(TH: Table Head)는 표를 구성하고 있는 각 칸수(Column)를 나타내는 태그이다.

셀에 출력되는 글씨체는 볼드체이며 내용을 가운데로 정렬시킨다.

〈표2.4〉 〈TH〉태그의 속성

ALIGN	내용을 가로위치에서 왼쪽/가운데/오른쪽으로 정렬하는 방식 ALIGN=LEFT/ RIGHT/ CENTER
VALIGN	내용을 세로위치에서 위쪽/가운데 아래쪽으로 정렬하는 방식 VALIGN=TOP/ MIDDLE/ BOTTOM/ BASELINE
ROWSPAN	세로로 된 쉘(줄 수)를 합치고자 할 때 사용
COLSPAN	가로로 된 쉘(칸 수)를 합치고자 할 때 사용
WIDTH	셀의 너비를 지정
HEIGHT	셀의 높이를 지정

▶ 〈TD〉〈/TD〉

이 태그(TD: Table Data)는 표의 가로줄을 작성할 때 사용하는 태그이다. 즉 가로로 구성된 셀을 작성하는 태그이다. 셀에 들어가는 내용 지정은 **〈TD〉 내용 〈/TD〉**처럼 작성한다. 예를 들어 "홍길동"을 〈TD〉와〈/TD〉사이에 입력하고자 한다면 〈TD〉 홍길동 〈/TD〉처럼 작성하면 된다.

예2.1) 표의 가로줄 작성 예

개나리	들국화	진달래

```
<TABLE BORDER=N>
<TR>
<TD>개나리</TD><TD>들국화</TD><TD>진달래</TD>
</TR>
</TABLE>
```

각 〈TR〉 태그에 〈TD〉 태그 하나씩 대응하여 사용한다.

▶ 〈TR〉

이 태그(TR: Table Row)는 표의 세로열을 작성할 때 사용하는 태그이다. 즉 세로로 구성된 셀을 작성하는 태그이다. 셀에 들어가는 내용은 **〈TR〉〈TD〉 내용 〈/TD〉〈/TR〉**처럼 작성한다. 예를 들어 "홍길동"을 표의 세로로 작성하고자 한다면 〈TR〉〈TD〉홍길동〈/TD〉〈/TR〉처럼 작성한다.

예2.3) 표의 세로 열 작성 예

개나리
들국화
진달래

```
<TABLE BORDER=N>
<TR>
<TD>개나리</TD>
</TR>
<TR>
<TD>들국화</TD>
</TR>
<TR>
<TD>진달래</TD>
</TR>
</TABLE>
```

▶ 〈TH COLSPAN=N〉

이 태그는 가로로 된 가로줄을 합치고자 할 때 사용하는 태그이다. 즉 가로로 구성된 셀을 합칠 때 사용하는 태그이다. 셀에 들어가는 내용은 〈TH COLSPAN=N〉처럼 작성한다.

예2.4) 가로줄을 합치는 예

한	국

⇒

한국

```
<TR>
<TH COLSPAN=2> 한국 </TH>
</TR>
```

▶ 〈TD ROWSPAN=N〉

이 태그는 세로로 된 세로 열을 합치고자 할 때 사용하는 태그이다. 즉 세로로 구성된 셀을 합칠 때 사용하는 태그이다. 셀에 들어가는 내용은 〈TD ROWSPAN=N〉처럼 작성한다.

예2.5) 세로열을 합치는 예

<table><tr><td>한</td></tr><tr><td>국</td></tr></table>

⇒

<table><tr><td>한
국</td></tr></table>

```
<TR>
<TD ROWSPAN=2> 한국 <</TD>
</TR>
```

예2.6) 테두리 값이 3인 가로줄과 세로줄 합치기

<table>
<tr><td colspan="2">합계</td><td colspan="2">성적</td></tr>
<tr><td rowspan="2">과목</td><td>전산학</td><td>90</td><td>88</td></tr>
<tr><td>영어</td><td>90</td><td>88</td></tr>
</table>

```
<TABLE BORDER=3>
<TR>
<TH COLSPAN=2> 합계 </TH><TH COLSPAN=2> 성적 </TH>
</TR>
<TR>
<TD ROWSPAN=2>
과목</TD><TD>전산학 </TD><TD>90</TD><TD>88</TD>
</TR>
<TR>
<TD> 영어 </TD><TD>90</TD><TD>88</TD>
</TR>
</TABLE>
용어에 대한 설명을 쓴다.
```

따라하기

ch2-18.html

```
〈html〉
〈head〉
〈title〉 스크립트에 오신 것을 환영합니다.〈/title〉
〈/head〉
〈body  bgcolor=yellow〉
〈center〉
〈h2〉이것은 표의 가로줄과 세로줄을 합치는 예이다.〈/h2〉
〈hr〉
〈table border=3〉
〈tr〉
〈th colspan=2〉 합계 〈/th〉〈th colspan=2〉 성적 〈/th〉
〈/tr〉
〈tr〉
〈td rowspan=2〉 과목 〈/td〉〈td〉 전산학 〈/td〉〈td〉90〈/td〉〈td〉88〈/td〉
〈/tr〉
〈tr〉
```

```
〈td〉 영어 〈/td〉〈td〉90〈/td〉〈td〉88〈/td〉
〈/tr〉
〈/table〉
〈/center〉
〈/body〉
〈/html〉
```

▶ 〈CAPTION〉〈/CAPTION〉

이 태그는 표에 대한 제목이나 설명을 붙이고자 할 때 사용하는 태그이다.

태그의 속성 〈CAPTION ALIGN=BOTTOM 또는 TOP〉

용어에 대한 설명을 쓴다.

▶ 표의 빈칸 처리방법

표의 빈칸을 처리하기 위해서는 〈PRE〉〈/PRE〉 태그를 셀의 빈칸에 넣어주기만 하면 된다.

따라하기

ch2-19.html

```
〈html〉
〈head〉
〈title〉 스크립트에 오신 것을 환영합니다.〈/title〉
〈/head〉
〈body〉
〈center〉
〈h2〉 내가 좋아하는 음식〈/h2〉
〈hr〉
〈table〉
〈tr〉
〈th〉한식〈/th〉〈th〉중식〈/th〉〈th〉양식〈/th〉
〈/tr〉
```

```
<tr>
<td> 김치찌게 </td> <td> 짜장면 </td> <td> 돈까스 </td>
</tr>
<tr>
<td> 된장찌게 </td> <td> 짬뽕 </td> <td> 비프까스 </td>
</tr>
<tr>
<td> 참치찌게 </td> <td> 라조기 </td> <td> 비프스텍 </td>
</tr>
</table>
</center>
</body>
</html>
```

따라하기

ch2-20.html

```
<html>
<head>
<title> 스크립트에 오신 것을 환영합니다. </title>
</head>
<body>
<center>
<h2> 내가 좋아하는 음식 </h2>
<hr>
<table border=3>
<tr>
<th> 한식 </th> <th> 중식 </th> <th> 양식 </th>
</tr>
<tr>
<td> 김치찌게 </td> <td> 짜장면 </td> <td> 돈까스 </td>
```

```
</tr>
<tr>
<td> 된장찌게 </td> <td> 짬뽕 </td> <td> 비프까스 </td>
</tr>
<tr>
<td> 참치찌게 </td> <td> 라조기 </td> <td> 비프스텍 </td>
</tr>
</table>
</center>
</body>
</html>
```

따라하기

ch2-21.html

```
<html>
<head>
<title> 스크립트에 오신 것을 환영합니다. </title>
</head>
<body>
<center>
<h2> 내가 좋아하는 음식 </h2>
<hr>
<table border=3>
<tr>
<td> 김치찌게 </td> <td> 짜장면 </td> <td> 돈까스 </td>
</tr>
<table border=3>
<tr>
<td> 한식 </td>
</tr>
```

```
<tr>
<td> 중식 </td>
</tr>
<tr>
<td> 양식 </td>
</tr>
</table>
</center>
</body>
</html>
```

따라하기

```
ch2-22.html
<html>
<head>
<title> 스크립트에 오신 것을 환영합니다. </title>
</head>
<body>
<center>
<h2> 내가 좋아하는 인터넷 사이트 </h2>
<hr>
<table border=3 width=300 height=200>
<tr>
<th> 방송사 </th> <th> 신문사 </th> <th> 검색엔진 </th>
</tr>
<tr>
<td> mbc </td> <td> 한국일보 </td> <td> 야후 </td>
</tr>
<tr>
<td> kbs </td> <td> 동아일보 </td> <td> 라이코스 </td>
```

```
</tr>
<tr>
<td>sbs</td> <td>조선일보</td> <td>네이버</td>
</tr>
</table>
</center>
</body>
</html>
```

따라하기

```
ch2-23.html
<html>
<head>
<title> 스크립트에 오신 것을 환영합니다.</title>
</head>
<body>
<caption> 용돈기록부 작성 </caption>
<table border=1 width=450 cellpadding=4>
<th rowspan=4 width=50>용돈 기록부</th>
<th rowspan=2 width=150 valign=top>날짜</th>
<th colspan=2 width=120>수입</th> <th colspan=2 width=120>지출</th>
<tr> <!--행 구분
<th width=60>항목</th>
<th width=60>금액</th>
<th width=60>항목</th>
<th width=60>금액</th>
//행 구분 끝-->
<tr> <!--행 구분
<td>2000.12.25</td>
<td> <pre> </pre> </td>
```

```
<td> <pre> </pre> </td>
<td>쫑파티</td>
<td>15,000</td>
//행 구분 끝-->
<td>2000.12.25</td>
<td>용돈</td>
<td>50,000</td>
<td> <pre> </pre> </td>
<td> <pre> </pre> </td>
</table>
</body>
</html>
```

따라하기

ch2-24.html

```
<html>
<head>
<title> 스크립트에 오신 것을 환영합니다.</title>
</head>
<body bgcolor="yellow">
<table border=3>
<caption> 우리나라의 관광 명소</caption>
<tr>
<th>산</th> <th>절</th> <th>해수욕장</th> <th>계곡</th>
</tr>
<tr>
<td>한라산</td> <td>화엄사</td> <td>경포해수욕장</td> <td>송추</td>
</tr>
<tr>
<td>금강산</td> <td>해인사</td> <td>해운대</td> <td> </td>
```

```
</tr>
<tr>
<td> 설악산</td> <td> 송광사</td> <td> 경포대</td> <td> </td>
</tr>
</table>
</center>
</body>
</html>
```

2.6 배경 색 지정하기

배경 색은 브라우저 화면에 여러 가지 색상을 설정할 때 사용된다. 배경 색은 <BODY> 태그 부분에 설정되며 화면 전체의 배경 색을 지정한다.

▶ <BODY> 태그의 속성

◇ <BODY BGCOLOR="색상 이름">

이 태그의 속성은 본문의 배경 색을 설정할 때 사용된다. 색상 이름을 설정하는 색상 표현 방법은 영어의 색상 이름을 사용하는 방법과 16진수를 이용하는 방법이 있다.

예를 들어 <BODY BGCOLOR="RED">와 <BODY BGCOLOR="FF0000">은 같은 색상을 나타낸다. 일반적으로 색상 표현은 R(Red), G(Green), B(Blue)를 이용하여 나타낸다.

◇ <BODY TEXT="색상 이름">

이 태그의 속성은 문서에서 사용되는 글자색을 설정할 때 사용된다.

예) <BODY TEXT="RED"> 또는 <BODY TEXT="FF0000">

◇ <FONT COLOR="색상 이름">

이 태그의 속성은 문서에서 글자색을 부분적으로 설정할 때 사용된다.

예) <FONT COLOR="BLUE"> 또는 <FONT COLOR="0000FF">

◇ <BODY LINK="색상이름">

이 태그의 속성은 링크를 표시하는 글자색 또는 그림의 테두리 색을 설정할 때 사용된다.

예) <BODY LINK="RED"> 또는 <BODY LINK="FF0000">

◇ <BODY VLINK="색상 이름">

이 태그의 속성은 이미 열어본 링크 표시된 부분의 색상을 설정할 때 사용하는 태그이다.

예) <BODY VLINK="PURPLE">

◇ <BODY ALINK="색상 이름">

이 태그의 속성은 링크 표시 부분을 클릭할 때 변하는 색상을 설정할 때 사용하는 태그이다.

예) <BODY ALINK="ORANGE">

◇ <BODY BGCOLOR="색상이름" TEXT="색상이름" LINK="색상이름" VLINK="색상 이름" ALINK="색상 이름">

이 태그의 속성은 BODY 태그의 전체속성을 지정하는 태그이다.

예2.7) <BODY BGCOLOR="YELLOW" TEXT="BLUE" LINK="RED" VLINK="PURPLE" ALINK="GREEN">

◇ 배경 색을 지정할 수 있는 곳

<BODY BGCOLOR = " ~ " >

<FRAMESET BGCOLOR =" ~ " >

<FRAME BGCOLOR = >

<TABLE BGCOLOR =" ~ ">

```
<TD BGCOLOR =" ~ ">
<TH BGCOLOR =" ~ " >
<TR BGCOLOR =" ~ " >
```

따라하기

ch2-25.html

```
<html>
<head>
<title> 스크립트에 오신 것을 환영합니다.</title>
</head>
<body bgcolor="yellow" text="blue">
<hr>
<h2> 이것은 배경색에 관한 내용입니다.</h2>
<hr>
컴퓨터 정보통신학과<br>
<font color="red"> 멀티미디어 정보학과</font>
<font color="green"> 게임정보학과</font>
<font color="ffff00"> 인터넷 정보처리학과</font>
</body>
</html>
```

따라하기

ch2-26.html

```
<html>
<head>
<title> 스크립트에 오신 것을 환영합니다.</title>
</head>
<body bgcolor="yellow" text="green" link="red" vlink="orange">
<hr>
```

```
<h2> 이것은 배경색에 대한 내용입니다.</h2>
<hr>
<h2> 학과 소개 </h2>
<a href="컴퓨터 정보통신학과">컴퓨터 정보통신학과</a> <br>
<a href="멀티미디어 정보학과">멀티미디어 정보학과</a> <br>
<a href="게임정보학과">게임정보학과</a> <br>
<a href="인터넷 정보처리학과">인터넷 정보처리학과</a> <br>
<hr>
<a name="컴퓨터 정보통신학과"> </a> <p>
여기는 컴퓨터 정보통신학과입니다.<br>
<a name="멀티미디어 정보학과컴"> </a> <p>
여기는 멀티미디어 정보학과입니다.<br>
<a name="게임정보학과"> </a> <p>
여기는 게임정보학과입니다.<br>
<a name="인터넷 정보처리학과"> </a> <p>
여기는 인터넷 정보처리학과입니다.<br>
</body>
</html>
```

〈표2.5〉 배경설정을 위한 색상 표

색 상	색 상 코 드 값(RGB 값)		
	R(Red)	G(Green)	B(Blue)
white	ff	ff	ff
red	ff	00	00
green	00	ff	00
blue	00	00	ff
magenta	ff	00	ff
cyan	00	ff	ff
yellow	ff	ff	00
black	00	00	00
aquamarine	70	db	93
bronze	8c	78	53
copper	b8	73	33
coral	ff	7f	00
feldspar	d1	92	75
gold	cd	7f	32
gray	c0	c0	c0
khaki	9f	9f	5f
maroon	8e	23	6b
orange	ff	7f	00
orchid	db	70	db
pink	bc	8f	8f
plum	ea	ad	ea
quartz	d9	d9	f3
salmon	6f	42	42
scarlet	8c	17	17
silver	e6	e8	fa
thistle	d8	bf	d8
turquoise	ad	ea	ea
violet	4f	2f	4f
wheat	d8	d8	bf

2.7 문서 연결

스크립트 문서의 연결방법은 크게 다음과 같이 구분된다.

1) HTML 문서 내에서의 연결방법

2) 한 컴퓨터 안에서의 연결방법

HTML 문서 내에서의 연결방법 <A></A>

HTML 문서 내에서의 연결방법은 문서간의 연결을 위해 〈A〉라는 태그를 이용하여 문서들을 연결한다. 즉 문서이름으로 지정된 파일로 이동한다.

▶ 〈A〉태그의 속성 HREF

〈A HREF=" 파일이름 또는 URL주소"〉...〈/A〉

◇ HREF

HREF는 이동하고자 하는 HTML문서, 그림파일, URL주소 등의 위치로 연결하는 기능이다.

URL 사용의 예 : 〈A HREF="http://www.yahoo.co.kr"〉야후 홈페이지〈/A〉

이름사용의 예: 〈A HREF="#이보람.html"〉이보람.html로 작성된 문서로 이동〈/A〉

〈A HREF="동영상 파일 이름"〉...〈/A〉

동영상 파일 사용 예: 〈A HREF="game.avi'〉게임 동영상 시작〈/A〉

〈A HREF="

사운드 파일 사용 예: 〈A HREF="영원한 사랑.avi"〉 음악 시작 〈/A〉

따라하기

ch2-27.html

〈html〉

〈head〉

```
〈title〉 스크립트에 오신 것을 환영합니다.〈/title〉
〈/head〉
〈body bgcolor="yellow" text="green"〉
〈hr〉
〈h2〉 이것은 링크에 대한 내용입니다.〈/h2〉
〈hr〉
〈h2〉 자바스크립트 소개 〈/h2〉
자바는 일반적으로 컴파일이 되는 프로그래밍언어이며 html에 종속되지 않는다. 또
한 클라이언트와 서버를 직접적으로 조작할 수 있는 여러 가지 기능을 제공하고 있
다. 그러나
〈a href="자바스크립트"〉자바스크립트〈/a〉는 컴파일이 되지 않고 브라우저에 의해
서 인터프리터 된다.
〈/body〉
〈/html〉
```

따라하기

ch2-28.html

```
〈html〉
〈head〉
〈title〉 스크립트에 오신 것을 환영합니다.〈/title〉
〈/head〉
〈body bgcolor="orange" link="blue"〉
〈hr〉
〈h2〉 이것은 링크에 대한 내용입니다.〈/h2〉
〈hr〉
〈h2〉 사이트 이동 〈/h2〉
〈a href="http://www.lycos.co.kr/"〉 이곳은 라이코스 사이트입니다.〈/a〉〈br〉〈br〉
〈hr〉
〈a href="http://www.mbc.co.kr/"〉 이곳은 mbc 사이트입니다.〈/a〉
〈/body〉
```

</html>

▶ **<A>태그의 속성 NAME**

<A HREF=" # 책갈피 이름">...</A>

~

<A NAME="# 책갈피 이름">...</A>

◇ **NAME**: NAME 속성은 HTML 문서 안에서 특정 문서로 이동할 때 사용되는 속성이다.

예2.8)
```
<A HREF="#chapt1">제 1장</A>
<A HREF="#chapt2">제 2장</A>
<A HREF="#chapt3">제 3장</A>
          ~
<A NAME="chapt1">제 1장</A>
<A NAME="chapt2">제 2장</A>
<A NAME="chapt3">제 3장</A>
```

즉 이 예에서는 HTML 문서의 어느 위치에서나 "chapt1", "chapt2", "chapt3"라는 이름을 이용하여 문서를 이동한다. 이때 일반 URL과 구분하기 위하여 이름 앞에 "#" 기호를 붙인다.

따라하기

ch2-29.html
```
<html>
<head>
<title> 스크립트에 오신 것을 환영합니다.</title>
</head>
<body bgcolor="cyan" text="red">
<hr>
<h2> 이것은 링크에 대한 내용입니다.</h2>
```

```
〈hr〉
〈h2〉 스크립트 소개 〈/h2〉
〈a href="#chapt1"〉제1장〈/a〉〈br〉
〈a href="#chapt2"〉제2장〈/a〉〈br〉
〈a href="#chapt3"〉제3장〈/a〉〈br〉
〈a href="#chapt4"〉제4장〈/a〉〈br〉
〈hr〉
〈a name="chapt1"〉〈/a〉〈p〉
제1장 스크립트의 기본 개요 〈br〉
〈a name="chapt2"〉〈/a〉〈p〉
제2장 html의 주요기능과 문서 작성방법〈br〉
〈a name="chapt3"〉〈/a〉〈p〉
제3장 스크립트의 제어구조〈br〉
〈a name="chapt4"〉〈/a〉〈p〉
제4장 스크립트의 객체구조와 이벤트 핸들러〈br〉
〈/body〉
〈/html〉
```

한 컴퓨터 안에서의 연결방법

▶ 같은 디렉토리 내의 두 문서 연결

같은 디렉토리 내의 두 문서를 연결하는 방법은 〈A〉태그의 HREF 속성에 연결하고자 하는 문서의 이름을 넣기만 하면 된다.

예2.9) <A HREF="스크립트.html">스크립트 이용하기</A>

▶ 디렉토리가 다른 문서의 연결

디스크에 있는 파일을 가리킬 때에는 경로(path)명을 사용하며 경로에는 상대경로와 절대경로가 있다. 상대경로는 현재 자신이 있는 폴더위치를 기준으로 해서 현재 파일의 위치를 가리키게 된다.

예를 들어 현재 디렉토리가 "D:₩quantum₩종득₩박금옥업무₩ch1.html이라고 하면 ch1.html파일은 종득 밑의 박금옥업무 디렉토리에 존재하게 된다. 특히 html 문서 작성에서 그림파일을 링크 시키고자 할 경우에는 링크파일이 같은 경로에 있는지 아니면 다른 경로에 있는지를 확인해야 한다. 이때 경로 가 다른 경우에는 그림이 출력되지 않고 그림 아이콘만 나타나게 된다.

이와는 반대로 절대경로는 항상 최상위 디렉토리에서부터 파일의 위치를 결정하는 방법이다.

2.8 그림파일 삽입

문서에서 이미지 삽입은 단조로운 텍스트 중심에서 벗어나 사용자에게 보다 화려함을 제공하기 위해 사용된다. 문서 작성에 사용되는 이미지 파일은 GIF, JPG, PNG형식의 파일이 사용되며 이들 파일들은 다른 이미지 보다 파일크기가 비교적 작기 때문에 인터넷에 적합한 파일로 사용되고 있다. PNG이미지 파일은 GIF이미지 파일이 가지고 있는256색상의 단점을 개선하여 100만 색상을 지원하는 이미지 파일로서 앞으로 사용빈도가 많을 것으로 기대된다.

그림파일 또는 이미지 파일

이미지 파일을 배경 이미지로 사용하기 위해서는 〈BODY〉태그에 background="이미지 파일이름" 속성을 지정해야 하며 이미지는 전체 배경이미지와 본문 안에 삽입하는 이미지로 구분된다.

▶ **배경이미지**

배경이미지는 홈페이지에 배경을 설정하기 위해 사용되며 GIF, JPG, animationGIF 이미지형식을 지원한다.

배경이미지 파일 형식

〈BODY BACKGROUND="이미지 파일이름"〉

예2.10) <body background="크리스마스.gif">
<body background="설경.jpg" text="white">

▶ 〈IMG〉

이미지 파일〈IMG〉는 이미지를 넣기 위한 태그이며 GIF, JPG, animationGIF 이미지형식을 지원한다.

이미지 파일 형식
〈IMG SRC=" 이미지 파일 이름"〉

◇ 〈IMG〉 태그의 속성

▶ 〈IMG SRC="이미지 파일 이름" WIDTH=n HEIGHT=n〉

WIDTH는 이미지의 가로크기 HEIGHT는 이미지의 세로크기

예2.11) <img src="이미지1.jpg" width=200 height=100>

▶ 〈IMG SRC="이미지 파일 이름" BORDER=n〉

BORDER는 테두리의 두께(즉 경계선 값)

예2.12) <img src="이미지2.jpg" border=3>

▶〈IMG SRC="이미지 파일 이름" ALIGN="left/right/top/middle/bottom")

ALIGN은 그림을 정렬하는 방법이며 여기서 left는 왼쪽 정렬, right는 오른쪽 정렬,top은 위쪽 정렬, middle은 가운데 정렬, bottom은 아래쪽 정렬이다.

예2.13) <img src="이미지3.jpg" align="left">
<img src="이미지4.jpg" align="middle">

▶ 〈IMG SRC="이미지 파일 이름" ALT="풍선 도움말 기능"〉

ALT는 이미지에 관련된 설명이나 도움말을 나타내는 기능이다.

▶ 〈IMG SRC="이미지 파일 이름" HSPACE=n VSPACE=n〉

HSPACE(Horizantal Space)는 그림의 좌 · 우 여백을 지정하는 기능으로서 즉 가로 방향으로 원하는 위치까지 그림을 이동하는 기능이며 VSPACE(Vertical Space)는 그림의 위, 아래의 여백을 지정하는 기능으로서 즉 세로 방향으로 그림을 이동하는 기능이다.

예2.14)<img src=이미지5.jpg hspace=50 vspace=80>

따라하기

ch2-30.html

```
〈html〉
〈head〉
〈title〉 스크립트에 오신 것을 환영합니다.〈/title〉
〈/head〉
〈body bgcolor="cyan"〉
〈img src="poster1.jpeg" alt=" 예쁜 그림이죠!" width=300 height=200〉
〈/body〉
〈/html〉
```

따라하기

ch2-31.html

```
〈html〉
〈head〉
〈title〉 스크립트에 오신 것을 환영합니다.〈/title〉
〈/head〉
〈body background="dog.gif" bgcolor="yellow"〉
〈center〉
〈h2〉 그림이 어떻게 변하는지 살펴보세요!〈/h2〉
〈hr〉
〈img src="poster1.jpeg" alt=" 예쁜 그림이죠!" width=100 height=50〉
〈img src="poster1.jpeg" boder=3 align="bottom"〉
〈/body〉
〈/html〉
```

2.9 프레임 나누기

프레임이란 브라우저 화면을 여러 개로 나누는 것을 말한다. 각 각의 나누어진 브라우저 화면에 글자 또는 이미지 정보 등의 HTML 문서를 작성할 수 있다. 일반적으로 프레임의 작성은 헤드태그〈HEAD〉와 본문태그〈BODY〉태그 사이에서 작성된다. 이 절은 8장 자바스크립트의 프레임 구조와 연결되므로 정리해 두길 바란다.

프레임의 기본 구조:

```
〈HTML〉
〈HEAD〉
〈TITLE〉 문서 제목 〈/TITLE〉
〈/HEAD〉
〈FRAMESET COLS="화면을 나누는 비율" 또는 ROWS="화면을 나누는 비율"〉
〈FRAME SRC="HTML 문서 파일"〉
〈FRAME SRC="HTML 문서 파일"〉
                .....
〈/FRAMESET〉
〈BODY〉
〈/BODY〉
〈/HTML〉
```

프레임을 만드는 데는 두 가지 종류의 문서가 존재한다.

첫 번째는 브라우저 화면에 나타날 프레임 형식을 지정하는 문서이고, 두 번째 는 각 프레임 안에서 보여줄 실제 내용이 들어 있는 문서이다.

<FRAMESET></FRAMES

〈FRAMESET〉태그는 브라우저에 프레임을 어떻게 만들 것인지를 지정하는 태그이다. 즉 좌우(왼쪽, 오른쪽) 또는 상하(위쪽, 아래쪽)로 몇 등분할 것이며 각각 나누어진 프레임의 크기는 어떻게 할 것인지를 정하게 되는 것이다.

〈FRAMESET〉 태그의 기본 형식 〈FRAMESET COLS="좌, 우화면 비율"〉
〈FRAME SRC=" "〉
〈FRAME SRC=" "〉
〈/FRAMESET〉

〈FRAMESET〉 태그의 속성
ROWS - 화면을 상, 하(위쪽, 아래쪽)으로 나눈다.
COLS - 화면을 좌, 우(왼쪽, 오른쪽)으로 나눈다.

예2.15) <FRAMESET ROWS="40%, 60%".
화면을 위쪽을 40%, 아래쪽을 60%로 나눈다.

예2.16) <FRAMESET COLS="60%, 40%">
화면을 왼쪽을 40%, 오른쪽을 60%로 나눈다.

예2.17) <FRAMESET ROWS="30, 20, *">
1. 브라우저 화면을 상하로 3등분한다.
2. 첫 번째 프레임의 높이를 30픽셀로 한다.
3. 두 번째 프레임의 높이를 20픽셀로 한다.
4. 세 번째 프레임의 높이는 남은 영역으로 만든다.

예2.18) <FRAMESET COLS="*, *">
화면의 왼쪽과 오른쪽을 2등분한다.

따라하기

ch2-32.html

```
〈html〉
〈head〉
〈title〉 스크립트에 오신 것을 환영합니다.〈/title〉
〈/head〉
〈frameset rows="40%,*"〉
〈frame src="ch2-33.html"〉
```

```
<frame src="ch2-34.html">
</frameset>
<body>
</body>
</html>
```

ch2-33.html

```
<html>
<head>
<title> ch2-33.html </title>
</head>
<body>
목마와 숙녀<br>
        지은이: 박인환<br>
한잔의 술을 마시고<br>
우리는 버어지니아 울프의 생애와<br>
</body>
</html>
```

ch2-34.html

```
<html>
<head>
<title> ch2-34.html </title>
</head>
<body>
프레임이란?<br>
프레임이란 브라우저 화면을<br>
여러 개로 나누는 것을 말한다.<br>
각 각의 나누어진 브라우저 화면에<br>
글자 또는 이미지 정보 등의 html 문서를 작성할 수 있다.<br>
```

```
</body>
</html>
```

따라하기

ch2-35.html

```
<html>
<head>
<title> 스크립트에 오신 것을 환영합니다.</title>
</head>
<frameset cols="*, *">
<frame src="ch2-33.html">
<frame src="ch2-34.html">
</frameset>
<body>
</body>
</html>
```

따라하기

ch2-36.html

```
<html>
<head>
<title> 스크립트에 오신 것을 환영합니다.</title>
</head>
<frameset cols="*, *, 40%">
<frame src="ch2-33.html">
<frame src="ch2-34.html">
<frame src="크리스마스 트리.gif"
</frameset>
<body>
```

〈/body〉
〈/html〉

<FRAME></FRAME>

프레임 셋은〈FRAMESET〉과 〈/FRAMESET〉태그 사이에 들어되며 각 프레임에 대한 모든 것을 정의해야 하기 때문에 〈FRAMESET〉에 지정된 프레임의 수만큼 사용한다.

<FRAMESET>태그의 기본 형식

〈FRAMESET〉태그의 기본 형식

〈FRAME SRC="URL"〉
[NAME="name"]
[NORESIZE]
[SCROLLING="yes 또는 no 또는 auto]
[MARGINHEIGHT="num"]
[MARGINWIDTH="num"]

1. SRC: 프레임에 들어갈 문서의 URL
2. NAME: 프레임의 이름, 다른 프레임 안에 있는 링크에서 이 프레임을 가리키고자 할 때 사용
3. NORSIZE: 프레임의 크기를 움직이지 못하도록 고정시키는 속성
4. SCROLLING: 프레임에 스크롤 바를 보여줄 것인지를 지정하는 속성, yes, no, auto가 있으며 auto는 문서의 길이가 프레임을 벗어나는 경우에만 자동으로 스크롤 바를 만들어주는 속성
5. MARGINHEIGHT: 프레임 상하의 여백 설정(단위: 픽셀값)
6. MARGINWIDTH: 프레임 좌우의 여백 설정(단위: 픽셀값)

<NOFRAME></NOFRA

〈NOFRAME〉태그는 프레임을 지원하지 못하는 브라우저나 넷스케이프 2.0 이전 버전을 위한 태그이다. 이 태그는 태그 안에 들어간 정보들이 프레임을 지원하는 브라우저에는 나타나지 않지만 프레임을 지원하지 않는 브라으저에서는 나타나게 된다.

따라하기

```
ch2-37.html
〈html〉
〈head〉
〈title〉 스크립트에 오신 것을 환영합니다.〈/title〉
〈/head〉
〈frameset cols="*, 70, *"〉
〈frame src="ch2-33.html"〉
〈frame src="00070181ts.jpg"〉
〈frame src="크리스마스 트리.gif"
〈/frameset〉
〈body〉
〈/body〉
〈/html〉
```

따라하기

```
ch2-38.html
〈html〉
〈head〉
〈title〉상, 하로 프레임 나누기 〈/title〉
〈/head〉
〈frameset rows="*, *, *"〉
〈frame src=" 크리스마스 트리.gif" name="frame1" scrolling="yes" noresize
```

```
border=0>
<frame src="기타13호수lake.jpg" name="frame2" scrolling="no" border=0>
<frame src="ch2-33.html" name="frame3" border=0>
</frameset>
</html>
```

<A>태그의 새로운 속성 TARGET

<A> 태그의 TARGET속성을 이용하면 TARGET에서 지정한 윈도우나 프레임의 결과를 볼 수 있으며, <FRAME> 태그에 NAME 속성으로 지정된 값은 TARGET 속성에 지정될 수 있다.

따라하기

```
ch2-39.html
<html>
<head>
<title>프레임 지정 알아보기</title>
</head>
<frameset cols="50%, *">
<frame src="크리스마스 트리.gif">
<!--"about:blank"는 브라우저에 빈 공간을 만드는 예약어
//-->
<frame src="about:blank" name="view">
</frameset>
</html>
```

```
ch2-40.html
<html>
<head>
<title>프레임 지정 알아보기</title>
```

```
</head>
<body> <center>
<h2> 웹사이트 연결</h2>
<a target="view" href="http://www.mbc.co.kr">mbc 문화방송</a> <br>
<a target="view" href="http://www.yahoo.co.kr">야후 크리아</a> <br>
<a target="view" href="http://www.snu.ac.kr">서울대학교</a> <br>
</center>
</body>
</html>
```

따라하기

```
ch2-41.html
<html>
<head>
<title>프레임 지정 알아보기</title>
</head>
<frameset cols="50%, *">
<frame src="ch2-40.html" name="view">
<frame src="ch2-32.html">
</frameset>
</html>
```

제 3 장

Scripts의 연산자와 제어구조

3.1 연산자

통신 제어를 위해 사용되는 스크립트의 연산자는 C, C++,Java 언어의 연산자와 비슷하며 리터럴과 변수를 결합하여 수식을 만든다.

치환연산자

치환연산자는 할당연산자 또는 대입연산자라고도 하며 변수에 값을 할당할 때 사용하고 특정한 값을 메모리에 적재시킨다. 또한 다른 연산자와 결합하여 변수에 할당된 값을 계산하고 새로운 값으로 그 변수를 적재시킨다. 스크립트의 치환연산자는 다음 표 3.1과 같다.

〈표3.1〉 스크립트의 치환연산자

치환 연산자	기 능	기 능 설 명
=	치환	수식을 변수에 할당
+=	덧셈	변수=변수+(수식)
-=	뺄셈	변수=켠수-(수식)
*=	겁셈	변수=켠수*(수식)
/=	나눗셈	변수=변수/(수식)
%=	모듈연산	변수=년수%(수식)
<<=	왼쪽이동(쉬프트)	켠수=변수<<(수식)
>>=	오른쪽이동(쉬프트)	변수=변수>>(수식)
&=	비트와이즈	변수=년수&(수식)
∧=	배타적OR	변수=변수∧(수식)

예3.1) k+=3은 k=k+3,

k−=3은 k=k−3,

k*=3은 k=k*3,

k/=3은 k=k/3과 같으며

k*=k+1은 k=k*k+1이 아니고 k=k*(k+1)이다.

산술연산자

산술연산자는 값을 더하고, 빼고, 나누고, 곱하는 등의 산술 연산을 할 때 사용된다. 산술연산자는 표3.2와 같다.

〈표3.2〉 산술 연산자

산술연산자	기능	기능설명
+	더하기	덧셈을 수행한다.
-	빼기	뺄셈을 수행한다.
*	곱하기	곱셈을 수행한다.
/	나누기	나눗셈을 수행한다.
%	모듈러(나머지)	나머지연산을 수행한다.
++	1증가	숫자1을 증가시킨다.
--	1감소	숫자1을 감소시킨다.

예3.2)
```
gap=4.0+6.0 //이 식은 "4.0이라는 숫자와 6.0이라는 숫자를 더하여 gap
            // 이라는 기억변수에 저장하여라."는 의미이다.
gap=8.4-4.3;
gap=3.2*5.3;
gap=33.0/11.0;
gap=15.0%3.0;
gap=3.5*2.0+5.0;
gap=1;
gap++(후치 연산자);
++gap(전치 연산자);
```

특히 증가 연산자(++)와 감소 연산자(--)는 연산항의 값을 1씩 증가시키거나 1씩 감소시킬 때 사용된다. 연산자가 연산 항보다 먼저인 연산자를 전치 연산자라 하며 연산자가 연산 항보다 나중인 연산자를 후치 연산자라 한다. 그런데 전치 연산자와 후치 연산자는 사용에 따라 결과 값에 차이가 발생한다. 전치 연산자는 증가된 후의 값이 할당되며 후치 연산자는 증가되기 전의 값이 할당된다.

예3.3) 전치 연산자와 후치 연산자의 사용 예(증가 연산자)

```
x=1;.......................................(1)
y=1;.......................................(2)
gapA=++y;...........................(3) // y=y+1
gapB=y++;...........................(4) // y=y+1
```

실행 결과

x=1일 때 (3)번 gapA는 증가된 후의 값이 할당되므로 2임

y=1일 때 (4)번 gapB는 증가되기 전의 값이 할당되므로 1임

비교연산자

비교연산자는 if 문과 같은 조건문에서 비교연산을 수행하는 연산자로서 만약 비교연산자에 해당하는 조건을 만족하면 조건을 만족하는 문장을 수행하고 그렇지 않을 경우에는 다른 비교연산자가 있는 문장을 수행하거나 그 밖의 경우를 수행하게 되며 비교연산자는 표3.3과 같다.

〈표3.3〉 비교 연산자

비교연산자	기능설명
==	같다
===	정확히 같다.
!=	같지 않다.
!==	정확히 같지 않다.
<	보다 작다.
<==	보다 작거나 같다.
>	보다 크다.
>==	보다 크거나 같다.

여기서 (===)연산자와 (!==)연산자는 넷스케이프 4.06이상의 버전과 인터넷 익스플로러 4.0버전부터 지원되는 연산자이다.

예3.4)

```
gap=55
gap!=-33.0
```

논리연산자

논리연산자는 두 개 이상의 조건 값을 논리적으로 참과 거짓을 판정할 때 사용한다.

논리연산자는 논리합 ,논리곱, 논리 부정과 같은 부울 연산을 수행한다. 논리 연산자는 표 3.4와 같다.

〈표3.4〉 논리 연산자

논리연산자	기능	기능설명
||	논리합	둘 중 하나만 조건에 만족
&&	논리곱	두 개의 조건이 일치
!	논리부정	부정

예3.5) a&&b
a || b
!9

조건연산자

조건연산자는 참과 거짓의 조건을 표현하는 연산자로서 조건연산자는"?:"이며 ?앞의 조건 식이 참이면 첫 번째 식의 값을 돌려주고 거짓이면 두 번째 식의 값을 돌려준다.

조건 연산자 형식:(조건식)? 수식1:수식2;

즉 조건연산자는 조건 식을 먼저 평가하여 참이면 수식1을 돌려주고 거짓이면 수식2의 값을 돌려준다.

예3.6) max=(x>y)?x:y; → x가 y보다 크면 즉 참이면 x를 돌려주고 x가 y보다 작으면 즉 거짓이면 y를 돌려준다. 이 문장은

if(x>y) max=x; else max=y;와 같다.

스트링연산자

스트링 연산자는 문자열을 처리하는 연산자이다. 스크립트에서 문자열 연결은 "+"연결(Concatenation)연산자를 사용하며 두 개의 문자열을 결합할 때 사용한다. 예를 들어 두 개의 문자열 "seoul"과 "korea"의 문자열 연결은 "seoul"+"korea" 즉 "seoulkorea"가 된다.

예3.7) str="이것은"+"스크립트입니다."→결과는 변수 str에 "이것은 스크립트입니다."라는 문자열이 저장되게 된다.

비트 처리 연산자

비트 처리 연산자는 비트 단위로 연산 할 때 사용되며 비트를 왼쪽이나 오른쪽으로 이동할 때 사용된다. 스크립트가 지원하는 비트 처리 연산자는 표3.5와 같다.

〈표3.5〉 비트 처리 연산자

비트 처리 연산자	기 능 설 경
&	비트 논리곱
|	비트 논리합
∧	배타적 논리합
〈〈	비트를 왼쪽으로 이동
〉〉	비트를 오른쪽으로 이동
〉〉〉	0을 채워 오른쪽으로 이동

예3.8) a= 1010 b= 1110 → a&b=1010 a | b=1110 a∧b=0100

특수 연산자

스크립트가 제공하는 기본 연산자 외에도 특수 연산자들이 있다. 스크립트가 제공하는 특수 연산자는 다음과 같다.

▶ 콤마 연산자(,)

콤마연산자는 두 개의 수식을 계산할 때 두 번째 수식을 계산하여 값을 반환하는 연산자이다. 예를 들어 k=(2+3),(5*6)일 때 두 번째 식을 계산하여 결과 값 30을 k에 할당한다.

▶ 삭제(delete)연산자

삭제연산자는 객체의 속성이나 배열 인덱스의 요소를 삭제할 때 사용되는 연산자이다. 예를 들어 delete Array[3]은 네 번째 배열요소를 삭제한다.

▶ 생성(new)연산자

생성연산자는 객체 자료형에서 객체를 생성할 때 사용하는 연산자이다.

▶ typeof 연산자

typeof 연산자는 연산자의 자료형을 식별할 때 사용하는 연산자이다.

▶ void 연산자

void 연산자는 값을 반환하지 않으며 프로토콜과 함께 사용되어 아무런 값을 가지지 않고 URL 주소를 반환할 때 사용된다.

연산자의 우선순위

연산자의 우선순위란 두 종류이상의 연산자가 수식 내에 포함되어 있는 경우 연산자에 부여하는 순위를 의미하며 이때 연산자들이 결합된다. 연산자의 결합 성이란 동일한 우선순위를 갖는 그룹 내의 연산자가 어느 방향으로 결합되는지를 결정하는 것이다. 따라서 연산자의 우선순위는 복잡한 계산식을 수행하는 동안 어떤 연산자를 먼저 수행할 것인지를 결정하게 된다.

스크립트의 연산자의 우선순위는 표3.6과 같다.

〈표3.6〉 연산자의 우선순위

연산자의 우선순위	연산자
1	함수, 괄호, 배열
2	!, ~, −, ++, −−, typeof, new, void, delete
3	*, /, %
4	+, −
5	〈〈, 〉〉, 〉〉〉
6	〈, 〈=, 〉, 〉=
7	==, !=, ===, !==
8	&
9	^
10	|
11	&&
12	||
13	?:
14	=, +=, −=, *=, /=, %=, 〈〈=, 〉〉= 등
15	(,)콤마연산자

우선 순위는 같은 레벨에 있는 연산자는 같은 순위를 가지며 예를 들어 표3.6 의 7번 레벨의 ==, !=, ===, !==은 같은 순위를 갖는 연산자들이다.

3.2 제어구조

제어구조는 명령문을 조건에 따라 프로그램의 실행절차를 제어하는 구조이다. 즉 제어구조는 명령문을 통해서 프로그램의 흐름을 수정하여 명령문을 반복적으로 실행시키거나 어떤 조건에 따라서 명령문을 실행시키는 명령문이다.

스크립트는 다른 프로그래밍언어와 마찬가지로 제어구조에는 치환 문, 조건문, 반복문 등과 그밖에 break 문, continue 문, label 문, 함수 반환 문(return) 등이 있다.

치환 문

치환 문은 할당 문 또는 대입 문이라고도 하며 가장 일반적인 명령문이다. 치환 문은 치환연산자와 수식을 이용하여 명령문을 처리하며 처리된 결과 값은 수정되어 저장된다.

치환문: 변수=(수식) //(수식)의 값을 처리하여 변수에 저장

예를 들어 치환 문 K=K+5는 K에 5를 더하여 처리된 결과 값을 좌변의 K에 저장하라는 의미이다.

선언문

선언문은 스크립트의 인터프리터에게 변수를 선언 할 때 사용하는 명령문이다. 선언문은 크게 변수선언문, 배열선언문, 객체선언문으로 구분되며 변수선언문은 변수에 값을 초기화하여 변수를 선언하는 일반적인 변수선언 형식이며 배열선언문은 배열 변수를 이용하여 변수를 선언하는 형식이다. 객체선언문은 객체를 생성하기 위해 사용되는 선언 형식이며 스크립트의 객체는 속성(Property)과 메소드(Method)로 구성되어 있다.

배열변수선언문

배열변수명= 배열(new Array()) 또는 배열요소 선언(new Array(k) k는 배열요소)

예를 들어 배열 선언은 bird=new Array()와 같이 배열요소를 지정하지 않고 선언할 수도 있으며 animal=new Array(5)와 같이 배열요소 값을 지정하여 선언할 수도 있다.

예3.9)
```
animal=new Array("호랑이", "사자", "원숭이", "코끼리", "개")
// 5개의 배열요소를 선언하고 초기화
day=new Array("일요일", "월요일", "화요일", "수요일", "목요일", "금요일", "토요일")
// 7개의 배열요소를 선언하고 초기화
```

객체 선언문

variableName=new objectconstructor(속성1, 속성2, ..., 속성n)

variableName은 생성된 객체의 변수 명

new는 새로운 객체 생성자

objectconstructor()는 객체를 생성하기 위해 사용된 메소드함수

함수매개변수 속성1, 속성2, ..., 속성n은 객체를 생성할 때 사용된 속성 리스트 속성은 객체를 구성하는 값 또는 다른 객체들

메소드는 객체에 속한 함수

객체를 생성하기 위해서는 객체의 이름(Name), 속성, 메소드 함수를 이용하여 정의하며 new를 이용하여 객체의 인스턴스(Instance)를 생성한다.

예3.10) 메소드 함수에 의한 객체정의

```
function car(make, color, year){
this.make=make;
this.color=color;
this.year=year;
}
```

예3.11) new를 이용한 객체 생성

```
mycar=new car("레간자", "흰색", "2000")
wifecar=new car("EF소나타", "은색", "2000")
```

조건문

조건문은 조건에 따라 제어의 흐름을 이동하는 명령문이다. 조건문은 조건식을 이용하여 조건을 실행하며 조건식이 참인 경우에는 참인 문장을 거짓인 경우에는 거짓인 문장을 실행한다. 대부분의 스크립트 명령어 처리는 하나 이상의 조건문으로 구성되어 있음을 볼 수 있다.

조건문의 일반적인 형식은 다음과 같다.

조건문: if(조건식) { 문장들 }

즉 조건 식이 참이면 { 문장들 }을 실행하고 거짓이면 { 문장들 }을 건너 뛰어 if 문 다음에 있는 문장들을 실행한다.

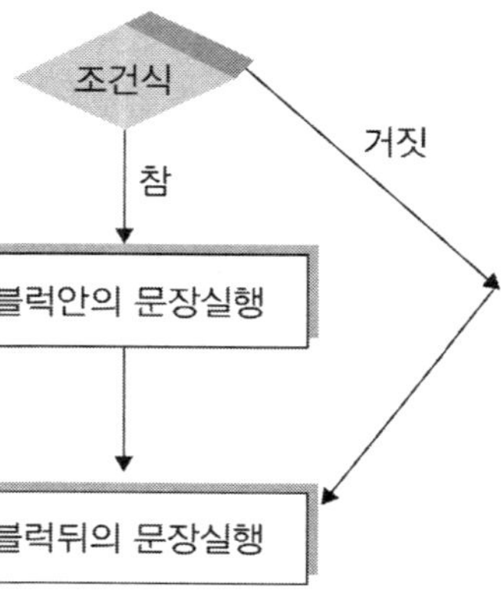

그림3.1 조건문을 처리하는 제어구조

예3.12) if (x>100) { x=0; } y++;
// x가 100보다 크면 x에는 0이 할당되고 x가 100보다 작으면
// 블록{ x=0; }을 실행하지 않고 블록 뒤의 문장y++를 실행하게 된다.

▶ if ~ else 조건문

if ~ else 조건문은 두 개의 문장들로 구성된 블록 문을 선택할 때 사용하는 제어구조이다. 이때 두 개의 블록문중 참인 경우에는 if 뒤의 문장을, 거짓인 경우에는 else 뒤의 문장을 실행하게 된다.

if ~ else 조건문의 형식은 다음과 같다.

if ~ else 조건문
if (조건식) { 문장들 } else { 문장들 }

즉 조건 식이 참이면 참인 { 문장들 }을 실행하게 되며 거짓이면 else 뒤의 { 문장들 }을 실행하게 된다.

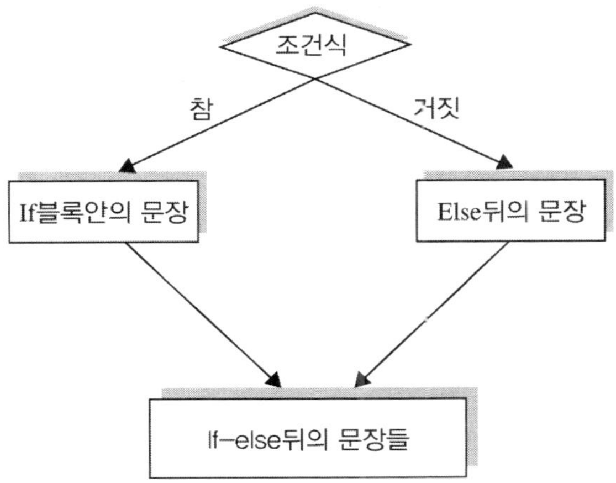

그림3.2 if ~ else 조건문의 제어구조

예3.13)

```
if ( year<2000 )
{ document.write(" 2000년 미만을 출력하라.")
} else
{ document.write(" 2000년 이후를 출력하라.")
}
```

이 예제의 문장은 조건 식(year<2000)을 판정하여 조건 식이 참이면 { document.write(" 2000년 미만을 출력하라.")}의 문장을 실행하고, 거짓이면 { document.write(" 2000년 이후를 출력하라.")}의 문장을 실행하게 된다.

따라하기

ch3-1.html

```
<html>
<head>
<title> 스크립트에 오신 것을 환영합니다.</title>
<h2> 이것은 if-else문에 대한 내용입니다.<h2>
<script language="javascript">
<!-- if - else 문
function dept(str){
```

```
if(str=="정보통신")
alert("정보통신전공")
else if(str=="게임정보")
alert("게임정보전공")
}
// if - else 문 끝-->
</script>
</head>
<body>
<center>
<h1> 어떤 전공을 선택하시겠습니까? </h1>
<form>
<input type="button" value="정보통신" onClick="dept('정보통신')">
<input type="button" value="게임정보" onClick="dept('게임정보')">
</form>
</center>
</body>
</html>
```

NOTE

이 프로그램은 if-else 조건문을 알아보는 스크립트코드이다. 스크립트를 처리하기 위하여 <script language="javascript">스크립트 문을 선언하였으며 학과를 선택하기 위하여 dept(str)라는 함수를 사용한다. 그리고 두 개의 조건문 "정보통신"과 "게임정보"의 조건을 판단하여 명령을 실행한다. input type="button"은 버튼을 실행하는 입력 폼이다. 만일 정보통신 버튼을 클릭하게 되면 조건문에 의해 정보처리전공을 수행하게 된다. 입력 폼 구조는 9장을 참조하기 바란다.

▶ 다중 if ~ else 문

다중if ~ else 조건문:

```
    if(조건식1){문장들1}
```

```
    else if(조건식2){문장들2}
            ....
     else{문장n}
```

다중 if~else 문은 하나의 if ~else문안에 또 다른 else문이 존재하는 제어 구조이다.

예3.14)

```
if (봉급>10000)
 {
if (봉급>100000)
   봉급+=봉급*인센티브;
 }
 else if
  봉급=10000;
```

NOTE

위의 예에서 if 문장 안에 또 다른 if~else 문장이 들어 있다.

if (봉급>10000)문장은 else 문장과 연결된다. 이 문장에서 if 문장 안의 if 문장이 참이면 즉 봉급이 100000원을 넘으면 봉급+=봉급*인센티브; 문장을 실행하고 첫 번째 if 문장의 조건 식 봉급>10000이 거짓이면 즉 10000원이 못 되면 else if 문 뒤의 봉급=10000;문장을 실행하게 된다.

따라하기

ch3-2.html

```
<html>
<head>
<title> 스크립트에 오신 것을 환영합니다.</title>
<h2> 이것은 다중if-else문에 대한 내용입니다.</h2>
<script language="javascript">
<!-- 다중 if - else 문
function dept(str){
```

```
if(str=="정보통신")
alert("정보통신전공")
else if(str=="게임정보")
alert("게임정보전공")
else if(str=="영상정보")
alert("영상정보전공")
}
// 다중 if - else 문 끝-->
</script>
</head>
<body>
<center>
<h3> 어떤 전공을 선택하시겠습니까? </h3>
<form>
<input type="button" value="정보통신" onClick="dept('정보통신')">
<input type="button" value="게임정보" onClick="dept('게임정보')">
<input type="button" value="영상정보" onClick="dept('영상정보')">
</form>
</center>
</body>
</html>
```

NOTE

이 프로그램은 다중if-else 조건문을 알아보는 스크립트코드이다. 스크립트를 처리하기 위하여 <script language="javascript">스크립트 문을 선언하였으며 학과를 선택하기 위하여 dept(str)라는 함수를 사용한다. 세 개의 조건문 "정보통신", "게임정보", "영상정보"의 조건을 판단하여 명령을 실행한다. input type="button"은 버튼을 실행하는 입력 폼이다. 만일 정보통신 버튼을 클릭하게 되면 조건문에 의해 정보처리전공을 수행하게 된다.

▶switch 문

switch문은 다중 선택문으로서 여러 개의 조건이 있고 여러 조건들을 실행할 때 사용한다. 일반적으로 다중조건문은 2가지 조건 중 하나를 선택할 때 사용되는 if~else 문과 셋 이상 중에서 하나의 조건을 선택할 때 사용되는 if~else if~else if 조건문이 있다. switch 문은 다중 if~else if~else if 조건문의 또 다른 구조이다.

switch 문에서 case 문 뒤에는 break 문을 써 주어야 한다. 만일 break 문이 없다면 뒤에 있는 case 문까지 실행하게 된다. 따라서 case 문 뒤에는 break 문을 반드시 써 주어야 한다.

switch 문은 먼저 수식을 평가한 후 평가된 값이 case 다음의 value1부터 n까지 중의 어느 하나와 일치하는지를 비교한다. 만일 일치하는 value 값이 존재하면 그때의 문장들을 처리하며 default 는 value 값이 일치하지 않을 때 사용된다.

switch 문의 형식

```
switch(수식){
case value1:
문장1;
 break;
case value2:
문장2;
 break;
  ...
 default :
문장n;
 }
```

예3.15) break 문을 사용했을 때

```
switch(number){
case : 문장1;
 break;
case : 문장2;
 break;
```

```
default : 문장3;
 break;
 }
```

이 예의 실행순서는 다음과 같다.

number==1 이면 문장1을 실행
number==2 이면 문장2를 실행
number==3 이면 문장3을 실행

예3.16) break 문을 사용하지 않았을 때

```
switch(number){
case1:문장1;
case2:문장2;
default:문장3;
```

이 예의 실행순서는 다음과 같다.

number==1이면 문장 1, 2, 을 실행
number==2이면 문장 2, 3을 실행
number==3이면 문장 3을 실행

따라하기

ch3-3.html

```
<html>
<head>
<title> 스크립트에 오신 것을 환영합니다.</title>
</head>
<body>
<h3> 이것은 switch문에 대한 내용입니다. </h3>
<script language="javascript">
i=1
while(i<3){
switch(i){
case 1:
document.write("정보통신을 선택하셨군요.<br>");
```

```
break;
case2:
document.write("게임정보를 선택하셨군요.<br>");
break;
case3:
document.write("영상정보를 선택하셨군요.<br>")
break;
default:
document.write("전공을 잘못 선택했군요.<br>");
      }
i++
 }
</script>
</body>
</html>
```

NOTE

이 프로그램은 switch조건문을 알아보는 스크립트코드이다. 스크립트를 처리하기 위하여 <script language="javascript">스크립트 문을 선언하였으며 while 반복문을 이용하여 switch 문을 실행한다. 초기 값은 i=1이고 while(i<3)반복문의 조건 식이 i<3이므로 첫 번째 문장 "정보 통신을 선택하셨군요." 와 default 문장을 실행하게 된다.

반복문

컴퓨터의 뛰어난 처리능력 중의 하나는 반복 계산능력이다. 반복문은 조건식의 문장을 판정하여 조건식이 참이면 문장을 반복 실행한다.

반복문에는 while 반복문,do ~ while 반복문, for 반복문이 있으며 이밖에도 자바스크립트반복문을 제어해 주는 여러 가지 형태의 반복제어문들이 있다.

▶ while 반복문

while 반복문은 반복 조건식을 판정하여 해당문장을 반복하며 **조건 식 판정을 문장 실행 전에 수행한다.** 반복이 수행되는 문장은 반드시 조건식이 참이어야 수행되며 조건식이 맞지 않을 경우에는 한 번도 실행하지 않을 수도 있다. 즉 while 반복문은 반복문으로 지정된 조건식이 참일 때 반복문을 실행하게 된다. 이때 반복문의 조건식을 판정하여 조건식이 참이면 블록 안의 반복문장들을 실행하고 조건 식이 거짓이면 while 문 다음으로 제어 권이 넘어간다. while 반복문의 형식은 다음과 같다.

```
while (조건식){
  반복문장들
    }
```

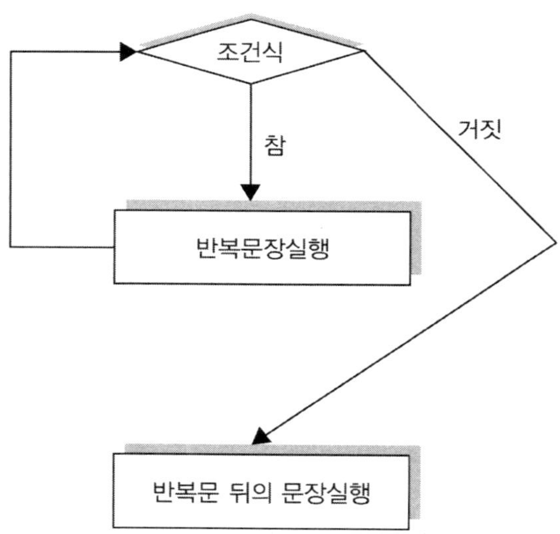

그림3.3 반복문의 구조

따라하기

```
ch3-4.html
<html>
<head>
<title> 스크립트에 오신 것을 환영합니다.</title>
<h3> 이것은while반복문에 대한 내용입니다.</h3>
</head>
<body>
<script language="javascript">
i=1
while(i<5){
document.write("<h"+i+"> 이것은 "+i+" 자바스크립트입니다."+"</h"+i+">")
++i
}
</script>
</body>
</html>
```

NOTE

이 프로그램은 while 반복문을 알아보는 스크립트코드이다. 스크립트를 처리하기 위하여 <script language="javascript">스크립트 문을 선언하였으며 while 반복문을 이용하여 문장을 반복 실행한다. 초기값은 i=1이고 while(i<5)반복문의 조건 식이 i<5이므로 "이것은 자바스크립트입니다." 문장을 4회 반복하게 된다.

▶ **do~while 반복문**

while 반복문은 반복을 시작할 때 조건식을 검사한다. 그러나 조건이 거짓일 때는 조건에 따라 반복 내용이 한 번도 수행되지 않을 수도 있다. do~while 반복문은 일단 한번 반복 내용을 실행하고 그 다음에 조건식을 검사하는 제어구조이다. do~ while 반복문은 적어도 한번은 실행이 된다.

do~while 반복문형식:

do{반복문} while(조건식):

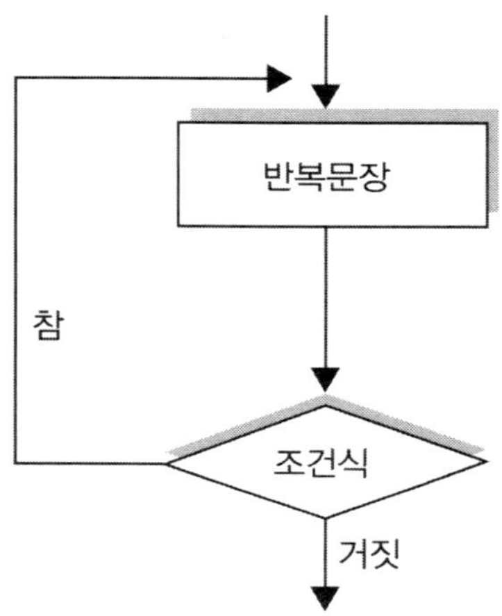

그림3.4 do ~ while 반복문의 구조

예3.17)

```
i=0
do{
++i
document.writeln(i+"<br>")
 } while(i<10);// 1에서 10까지 정수반복
```

따라하기

ch3-5.html

〈html〉

〈head〉

〈title〉 스크립트에 오신 것을 환영합니다.〈/title〉

〈h3〉 이것은 do~while 반복문에 대한 내용입니다.〈/h3〉

```
</head>
<body>
<script language="javascript">
i=0
do{
        ++i
    document.write(i+"<br>")
} while(i<6);// 1에서 6까지 정수반복
</script>
</body>
</html>
```

NOTE

이 프로그램은 do~while 반복문을 알아보는 스크립트코드이다. 스크립트를 처리하기 위하여 <script language="javascript">스크립트 문을 선언하였으며 do~while 반복문을 이용하여 문장을 반복 실행한다. 이 반복문은 일단 한번 반복 내용을 실행하고 그 다음에 조건식을 검사한다. 이 문에서 초기 값은 i=1이고 while(i<6)반복문의 조건식이 i<6이므로 6까지 반복 실행하게 된다.

▶ for 반복문

for 반복문은 while 반복문과는 달리 반복되는 작업에 있어서 초기 값, 조건 식, 증가 값에 의해 반복문들을 수행하며 1회 반복 시 초기 값을 1씩 증가시켜 최종 값을 구하는 반복 구조이다.

for 반복문의 형식:

```
for( 변수의 초기 값; 조건 식; 증가 값){반복문장}
```

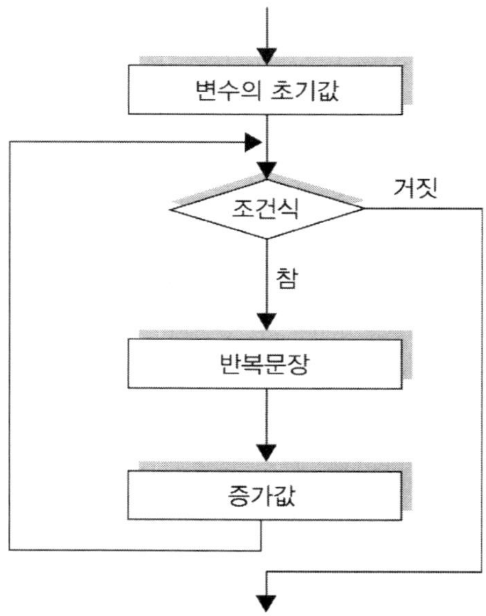

그림3.5 for 반복문의 구조

예3.18)
```
for(var  i=1;i<7;i++){
document.writeln("이것은 스크립트입니다.:", i);
 }// 이 문장은 이것은 스크립트입니다.를 6회 반복하게 된다.
```

for 반복문은 괄호 안의 문장들을 세미콜론(;)으로 구분하며 반복문(①;②;③)에서 ①은 제어변수의 초기 값이고 ②는 while 문에서와 같이 조건식을, ③은 반복구조가 1씩 증가될 때 수행되는 증가 값이다.

따라하기

```
ch3-5.html
〈html〉
〈head〉
〈title〉스크립트에 오신 것을 환영합니다.〈/title〉
〈h3〉 이것은 for 반복문에 대한 내용입니다.〈/h3〉
〈/head〉
```

```
<body>
<script language="javascript">
for(i=1;i<5;++i)
document.write("<h"+i+"> 이것은 "+i+" 스크립트입니다."+"</h"+i+">")
</script>
</body>
</html>
```

NOTE

이 프로그램은 for 반복문을 알아보는 스크립트코드이다. for반복문을 이용하여 document.write("<h"+i+"> 이것은 "+i+" 스크립트입니다."+"</h"+i+">")문장을 5회 반복 실행한다.

▶ break 문

break 문은 for, while, do~while 반복문에서 break를 둘러싸고 있는 반복문을 빠져 나와 다음 명령을 수행하는 제어구조이다. 즉 반복문은 break 문을 만나면 반복을 종료하게 된다.

▶ continue 문

continue 문은 break 문과는 달리 반복문의 실행을 완전히 종료하지 않고 현재의 반복만을 종료하는 제어구조이다. continue 문은 break 문처럼 continue 문을 만나면 제어의 처음 부분으로 이동한다.

▶ label 문

label 문은 문장을 구별하기 위해 사용되며 모든 문장 앞에 labelName:을 입력하여 레이블을 구성한다. 즉 레이블은 문장의 이름표를 달 때 사용된다. 레이블은 switch 문, if 문, 그리고 반복문 등에서 레이블을 구성하기 위해 사용되며 break, continue 문에 의해 참조된다.

chongdeuk:

korea="2002 worldcup"// chongdeuk 이라는 레이블이 붙는다.

따라하기

```
ch3-6.html
<html>
<head>
<title> 스크립트에 오신 것을 환영합니다.</title>
</head>
<body>
<h3> 이것은 break문, continue문에 대한 내용입니다. </h3>
<script language="javascript">
<!-- break문과continue
i=5
while(true){
i--
if(i>5)continue
if(i==0)break
document.write(i+"*"+i+"="+i*i+"<br>")
}// 문장 끝-->
</script>
</body>
</html>
```

NOTE

이 프로그램은 break문, continue문을 알아보는 스크립트코드이다. while반복문에서 조건을 실행하고 i==0일 때 반복문장을 빠져 나온다. 이 문장은 4회까지 반복 실행한다.

제 4 장

Scripts Function

4.1 Function

함수란 프로그램 내에서 특정한 작업을 수행하도록 만들어진 독립적인 프로그램 단위이다. 스크립트에서 함수의 사용은 특정 작업을 하나의 작업 단위로 만들어 반복 작업을 수행하기 위해서 사용되며 스크립트 명령어 처리 함수는 함수 호출에 의해서만 수행된다.

함수를 사용하는 목적은 프로그램에서 여러 번 사용되는 작업들을 독립된 함수로 작성하여 여러 부분에서 함수를 호출하여 사용하기 위해서다. 따라서 함수는 첫째 코드를 재사용 할 수 있으며 둘째 프로그램 디버깅이 쉽고 셋째 프로그램 관리가 쉽다는 장점이 있다. 앞장에서 우리는 document.write(), alert(), onClick() 등과 같은 간단한 함수들을 보았으며 이러한 함수들처럼 함수는 함수 명 뒤에 함수를 나타내는 괄호()를 붙여준다.

함수는 매개변수들을 가질 수도 있으며 그렇지 않을 수도 있다. 매개변수를 가진 함수는 매개변수와 매개변수 사이를 콤마(,)로 구분하며 매개변수를 통하여 함수 값이 전달된다.

함수의 정의는 function **예약어**를 사용하여 시작하며 문장들 사이에 함수의 시작과 끝을 알리는 "{ }"를 이용하여 함수를 정의한다. 함수 정의는 함수가 정의되기 전에 사용되는 것을 막기 위해 <head>와 </head> 태그 사이에 정의된다.

함수정의:

```
<html>
<head>
<script language="javascript">
 function 함수이름(매개변수1, 매개변수1, ...매개변수n){
 함수의 문장들...
 }
</script>
</head>
```

매개변수가 있는 함수 정의:

function 함수이름(매개변수1, 매개변수2, ...매개변수n){
함수문장들}

매개변수가 없는 함수 정의:

function 함수이름(){ 함수문장들 }

예4.1) 매개변수가 없는 함수정의

```
function example(){
alert(" 매개변수가 없는 함수입니다.")
}
```

이 예에서는 함수이름 example()를 선언하고 함수를 실행하면 alert의 값 "매개변수가 없는 함수입니다."를 반환하게 된다.

예4.2) 매개변수가 있는 함수정의

```
function dept("학과명", "수강과목", "담당교수"){
this.학과명=학과명;
this.수강과목=수강과목;
this.담당교수=담당교수;
}
```

예4.3)
```
function example(maegae){
alert("<h1> 매개변수가"+maegae+" 함수입니다.</h1><p>")
}
```

이 예에서는 함수이름 example(maegae)를 선언하고 함수를 실행하면 alert("<h1> 매개변수가"+maegae+함수입니다.</h1> <p>")의maegae에 매개변수 값이 반환하게 된다.

return문이 있는 함수정의:

function 함수이름(매개변수들){ 함수문장들 return }

예4.4)
```
function example(maegae){
var gap
gap=confirm(maegae)// confirm 함수는 확인/취소 여부를 묻는 내장함수
return gap
}
```

예4.5)
```
function factorial(n)
//factorial n을 계산 n은 양의 정수
{
var fact=1
while(n>1){// 반복해서 factorial 계산
fact=fact*n;
n=n-1;
}
return(fact)// factorial 값 반환
}
```

이 예는 재귀 호출함수를 이용한 팩토리얼을 계산하는 함수이다.

3을 입력했을 때 호출순서는 다음과 같다.

순서1: factorial(3)을 호출→3*2*1을 반환

순서2: facorial(2)를 호출→2*1을 반환

순서3: factorial(1)을 호출→1*1을 반환

따라하기

ch4-1.html
```
<html>
<head>
<title> 스크립트에 오신 것을 환영합니다.</title>
<h3> 이것은 간단한 함수에 대한 내용입니다.</h3>
<script language="javascript">
function carFunction(){
alert("현대자동차")
}
```

```
</script>
</head>
<body>
<center> <h1> 함수 정의 </h1> </center>
<script language="javascript">
carFunction()
</script>
</body>
</html>
```

NOTE

이 프로그램은 간단한 함수를 생성하는 스크립트코드이다. 함수 이름을 carFunction()으로 하고 alert함수를 alert("현대자동차")로 설정한다. 생성된 alert함수의 확인 버튼을 클릭하면 함수 값을 반환하게 된다.

따라하기

ch4-2.html

```
<html>
<head>
<title> 스크립트에 오신 것을 환영합니다. </title>
<h3> 이것은 전공학과를 알아보기 위한 함수입니다. </h3>
<script language="javascript">
<!--학과 전공
function deptFunction(name){
document.write("<h4> 무엇을 전공하세요?"+name+"전공입니다</h4> ")
document.write("<h4> 전산관련 학과입니다. </h4> ")
}
// 학과에 대한 함수 끝-->
```

```
</script>
</head>
<body>
<script language="javascript">
<!-- 함수호출
deptFunction("게임정보")
deptFunction("영상정보")
// 함수전달 끝-->
</script>
</body>
</html>
```

NOTE

이 프로그램은 deptFunction 함수를 이용한 학과의 내용을 생성하는 스크립트코드이다. 함수 명을 deptFunction()으로 설정하고 설정된 함수의 매개변수 name에 deptFunction("게임정보")의 함수 값과 deptFunction("영상정보")의 함수 값이 전달되게 된다. 따라서 출력 결과는 "무엇을 전공하세요? 게임정보전공입니다.", "전산관련 학과입니다."의 내용과 "무엇을 전공하세요? 영상정보전공입니다.", "전산관련 학과입니다."의 내용이 출력되게 된다.

4.2 Return Function

함수 전달 문은 매개변수에 값을 전달할 때 사용한다. 매개변수 값을 전달 할 때 함수 값 전달은 예를 들어 deptFunction("게임정보학과") 함수에서처럼 괄호()안에 함수에 전달할 값을 넣어 준다. 다음의 예는 함수 전달 문을 이용한 함수 값을 전달하는 내용이다.

예4.6)

```
function max(x, y)
{
```

```
if(x>y)
return(x) // x가 참일 때 즉 x가 y보다 클 때 x값을 반환해준다.
else
return(y) // x가 참이 아닐 때 즉 x가 y보다 작을 때 y값을 반환해준다.
}
```

NOTE

이 예는 최대, 최소값을 알아보는 함수구조이다. x가 참이면 즉 x가 y보다 크면 최대값을 반환해주며 그렇지 않을 경우에는 최소값을 반환해 준다.

4.3 지역변수와 전역변수

함수를 정의할 때는 함수에 의해 처리되는 값을 저장하기 위해서 변수를 선언한다. 그러나 변수선언문을 사용하여 함수를 정의한다면 전역변수(Global)에 의존하게 되어 디버깅이 어려워지고 모듈화가 떨어지는 문제점이 발생한다. 이때 이러한 문제를 해결하기 위하여 함수 안에서 사용되는 지역변수(Local)를 선언한다.

지역변수는 함수 내부에서 정의된 변수로서 함수의 바깥 어디에서도 사용되지 않는 변수이다.

반면에 전역변수는 전체프로그램을 위해 정의된 변수로서 전체 프로그램에서 사용되는 변수이며 프로그램이 사용되는 기간 동안 사용되는 변수들이다.

다음은 지역변수와 전역변수에 대한 예이다.

예4.7)

```
// 전역변수
var deptofstudent=0
function professor(){
// 지역변수
var counter=0
for(counter=1;counter<=deptofstudent;counter++){
//
```

```
}
 }
function addstudent(){
deptofstudent++;
 }
function deletestudent(){
deptofstudent--;
 }
```

NOTE

이 예제에서 deptofstudent변수는 전체프로그램을 위해 정의된 변수로서 전역변수이며 함수들의 안에서 뿐만 아니라 프로그램 전체에서 사용할 수 있는 변수이다. 반면에 counter는 함수의 내부에서 정의된 변수로서 professor함수의 실행이 끝나면 counter 변수와 값이 사라지게 된다.

따라하기

ch4-3.html

```
<html>
<head>
<title>스크립트에 오신 것을 환영합니다.</title>
<h3> 이것은 지역변수와 전역변수에 대한 내용입니다.</h3>
<script language="javascript">
<!-- 지역변수와 전역변수 사용
function showSquare(y){
var x=y*y
document.write(x+"<br>")
}
// 변수선언 끝.-->
</script>
</head>
```

```
<body>
<script language="javascript">
<!--
for(x=0;x<6;x++)
showSquare(x)
//-->
</script>
</body>
</html>
```

NOTE

이 프로그램은 지역변수와 전역변수를 알아보는 스크립트 코드이다. showSquare(y)함수 안에 전역변수 x=x*y를 선언하고 for 반복문에 의해서 처리된 값들이 함수 값으로 전달되게 된다.

4.4 Embedded Function

스크립트에는 많은 내장함수들이 존재한다. 이들 내장함수들은 스크립트프로그램을 간편하게 작성할 수 있도록 도와주고 있다.

▶ eval 함수

이 함수는 문자열 또는 숫자를 매개변수로 취하여 문자열을 숫자로 변환한 후 수식을 계산해 주는 내장함수이다.

예를 들어 문자열 "3+2*4"를 eval 함수의 매개변수로 입력하면 문자열을 수식으로 변환한 후 11이라는 값을 함수 값으로 전달하게 된다.

따라하기

ch4-4.html

```
<html>
<head>
<title> 스크립트에 오신 것을 환영합니다.</title>
<h3> 이것은 eval 함수를 알아보는 내용입니다.</h3>
</head>
<body>
<script language="javascript">
<!-- eval함수처리 시작
var eval_string
// 수식 입력
eval_string=prompt(" 계산값을 입력하시오.")
document.write("<h3> 입력한 계산값: "+ eval_string+"</h3> <p>")
document.write("<h3> 계산결과        : "+ eval(eval_string)+"</h3>")
// eval 함수처리 끝-->
</script>
</body>
</html>
```

NOTE

이 프로그램은 eval 함수의 내용을 알아보는 스크립트 코드이다.
eval_string=prompt(" 계산값을 입력하시오.")를 이용하여 계산을 수행하는 프롬프트 박스를 생성한다. 프롬프트 박스에 값을 입력하고 확인 버튼을 클릭하면 계산결과가 화면에 출력된다.

▶ parseInt함수

이 함수는 스크립트의 문자나 변수에 저장되어 있는 문자열들을 정수로 변환해 주는 함수이다.

이 함수는 입력된 문자열을 10진수, 2진수, 8진수, 16진수로 변환해 준다. 문자를 숫자로 변환하지 못할 때는 0값을 반환하고 함수가 숫자로 변환할 수 없는 문자를 만나면 작동을 멈추게 된다. 다음 표4.1은 parseInt함수의 예들이다.

〈표4.1〉 parseInt함수의 예

함수	반환값	기능설명
parseInt("−20")	−20	음의 정수 값 반환
parseInt("+20")	20	양의 정수 값 반환
parseInt("100", 16)	256	16진수로 변환
parseInt("3.14159")	3	정수만 반환. 소수 점 이하 절단
parseInt("k20")	0	문자를 숫자로 변환하지 못함
parseInt("100", 8)	64	8진수로 변환
parseInt("20k5")	20	k에서 작동을 멈춤

▶ parseFloat 함수

이 함수는 스크립트의 문자나 변수에 저장되어 있는 문자열을 실수로 변환해 주는 함수이다.

문자를 숫자로 변환 해주지 못할 때는 NaN값을 반환하며 숫자 값을 반환하다가 더 이상 숫자를 반환하지 못할 경우에는 작동을 멈추게 된다.

이 함수에서 숫자로 변환하지 못하는 문자들로서는 부호(+, /, −)와, 소수점, 지수, 그리고 숫자(0에서 9까지) 등이 있다.

다음 표4.2는 parseFloat 함수의 예들이다.

〈표4.2〉 parseFloat함수의 예

함수	반환값	기능설명
parseFloat("−2.21")	−2.21	실수 값 반환
parseFloat("5e3")	5000	5*10^3 값 반환
parseFloat("20.21.22")	20.21	두 번째 소수점에서 작동 멈춤
parseFloat("KOREA")	NaN	문자열을 숫자로 변환하지 못함

4.5 Recursive Call Function

재귀적 호출 함수란 자기 자신을 호출하는 함수이다. 앞의 예4.5)에서 우리는 함수반환에서 자기 자신을 호출하여 반환해주는 factorial함수를 간단히 살펴보았다.

factorial함수는 자기 자신을 호출하는 대표적인 재귀적 호출 함수이다.

따라하기

```
ch4-4.html
<head>
<title>스크립트에 오신 것을 환영합니다.</title>
<h3> 이것은 팩토리얼을 계산하는 내용입니다.</h3>
<script language="javascript">
<!-- factorial계산
function factorial(num){
if(num>1){
var result
// factrial 공식사용(n!=n*(n-1)!
result=num*factorial(num-1)
return result
}
else{
return num
}
}
// factorial 계산 끝-->
</script>
</head>
<body>
<h2> factorial 계산 </h2>
```

```
<script language="javascript">
<!-- 함수 처리
var num
// 수식 입력
num=prompt("factorial 값을 입력하시오.")
document.write("<h3>"+num+" factorial="+factorial(num)+"</h3><p>")
// -->
</script>
</body>
</html>
```

NOTE

이 프로그램은 재귀적 호출함수인 팩토리얼의 내용을 알아보는 스크립트 코드이다. factrial 공식(n!=n*(n−1)!을 이용하여 팩토리얼을 계산하며 계산된 결과 값을 function factorial(num)함수에 전달한다. 또한 프롬프트 박스를 생성하여 팩토리얼 값을 입력하며 입력된 값은 팩토리얼을 계산하여 결과 값을 화면에 출력한다.

제5장

Scripts Object

5.1 Object

객체는 객체의 이름, 속성, 메소드들로 구성되며 스크립트의 객체는 이미 생성된 객체와 사용자 정의에 의해서 생성된 객체로 나누어진다.

객체의 속성이란 객체를 구성하고 있는 객체의 기본특성들이며 예를 들어 "자동차"라는 객체를 보자. "자동차"는 자동차를 구성하고 있는 기본특성들은 "자동차회사", "자동차모델", "자동차색상", 그리고 "자동차크기" 등으로 구성되어 있다.

마우스라는 객체의 경우에는 기본특성들이 "좌표 값", "마우스종류", 그리고 "마우스속도" 등으로 구성되어 있다.

반면에 메소드는 객체의 동작을 수행하는 함수를 말한다. 마우스 객체의 경우에 "버튼을 누른다", "마우스를 이리 저리 움직인다", "마우스를 연속 빠르게 두 번 누른다" 등은 객체의 동작을 수행하는 메소드들이다.

일반적으로 객체를 정의하기 위해서는 생성자 함수를 이용하며 생성자 함수의 구조는 다음과 같다.

객체 생성자함수 구조:

```
function 객체명(속성값1, 속성값2, ..., 속성값n){
this(객체 자신).속성명1=속성값1;
this(객체 자신).속성명2=속성값2;
        .....
this(객체자신).속성명n=속성값n;
    }
```

예5.1)

```
function car(manufacture,model,color){
  this.manufacture=manufacture;// this는 생성자 함수를 통해서 만들어
                               // 지는 객체자신
  this.model=model;// .는 객체에 속한 속성 또는 메소드를
                   // 지정하는 연산자
  this.color=color;
  }
```

NOTE

이 예에서 this는 생성자 함수를 통해서 만들어지는 객체자신이며 .는 객체에 속한 속성 또는 메소드를 지정하는 연산자이다.

객체의 생성은 **생성자 함수와 객체 생성 연산자 new를 이용한다.**

예를 들어 객체 생성자 함수구조와 객체 생성자new 연산자를 이용한 mycar에 대한 객체생성은 다음과 같다.

예5.2) mycar=new car("현대", "소나타", "흰색");

```
mycar.manufacture="현대"
mycar.model="소나타"
mycar.color="흰색"
```

NOTE

이 예에서 객체 명은 mycar이며 객체의 속성은 각각 manufacture, model, color 이고 속성 값은 각각 현대, 소나타, 흰색이다. 그리고 new는 객체 생성 연산자이다.

따라하기

```
ch5-1.html
〈head〉
〈title〉스크립트에 오신 것을 환영합니다.〈/title〉
〈h3〉 이것은 객체 생성에 대한 간단한 예입니다.〈/h3〉
〈script language="javascript"〉
〈!-- 객체 생성프로그램 시작
// 생성자 함수구조
function car(manufacture, model, color){
this.manufacture=manufacture;
```

```
this.model=model;
this.color=color;
}
// 생성자 함수구조 끝-->
</script>
</head>
<body>
<script language="javascript">
<!-- new연산자를 이용한 객체 생성
mycar=new car("현대", "소나타", "흰색");
wifecar=new car("대우", "레간자", "비둘기색");
// new연산자와 객체 속성값
document.write("<h3> 나의 차입니다.</h3> <p>");
document.write("제조회사:"+mycar.mufacture+"현대<p>");
document.write("모델명:"+mycar.model+", 그랜져<p>");
document.write("색상:"+mycar.color+", 검정색<P>");
document.write("<h3>나의 와이프의 차입니다</h3>");
document.write("제조회사:"+wifecar.mufacture+"대우<p>");
document.write("모델명:"+wifecar.model+", 체어맨<p>");
document.write("색상:"+wifecar.color+", 검정색");
// 객체 생성 끝-->
</script>
</body>
</html>
```

NOTE

이 프로그램은 생성자 함수와 객체 생성 연산자 new를 이용하여 객체를 생성하는 스크립트 코드이다. 함수 car에서 this는 생성자 함수를 통해서 만들어지는 객체자신이며 new는 객체를 생성하는 연산자이다.

5.2 Method

앞 절에서 우리는 객체와 객체속성에 대해서 알아보았다. 객체는 객체속성에 의해 생성되며 객체는 객체이름과 객체의 속성의 결합으로 구성된다. 즉 객체는 객체이름. 객체속성으로 구성되며 객체이름과 객체속성사이를 구별해 주는 (.)를 사용한다.

(.)연산자 사이를 기준으로 왼쪽에는 객체이름을 나타내고 오른쪽에는 객체속성을 나타낸다. 이때 객체의 속성을 지정할 때 생성자 함수를 통해서 객체자신을 생성하는 this를 사용하며 this는 새로운 객체를 생성하는 지시자로서 속성이나 메소드를 정의할 때 사용된다. 또한 객체의 속성은 객체를 정의할 때 함께 정의되며 속성 값의 지정은 함수에 의해 지정된다. 속성에 대한 속성 값을 지정하는 방법은 Object.property에 값을 지정하는 방법과 Object["property name"]에 값을 지정하는 방법으로 구분된다.

예5.3) Object.property에 값을 지정하는 방법

```
mycar.manufacture="현대"
mycar.model="소나타"
mycar.color="흰색"
```

예5.4) Object["property name"]에 값을 지정하는 방법

```
mycar["manufacture"]="현대"
mycar["model"]="소나타"
mycar["color"]="흰색"
```

메소드 또한 속성과 같은 방법으로 접근이 가능하며 메소드란 객체에 동작을 지정하는 함수를 말한다. 앞에서 기술된 것처럼 마우스 객체의 경우 "버튼을 누른다", "마우스를 이리 저리 움직인다", "마우스를 연속 빠르게 두 번 누른다" 등은 객체의 동작을 수행하는 메소드들이다. 따라서 객체에 대한 메소드선언은 함수를 이용하여 정의하며 객체에 메소드를 선언하는 방법은 다음과 같다.

객체에 메소드를 선언하는 방법:

```
Object.method=methodname
```

예5.5) 객체에 메소드를 선언하는 방법

```
function showCar(){
var result="내가 사랑하는 차:"+this.manufacture+""
+this.model+""+this.color;
love(result);
}
```

또한 메소드는 객체와 함께 호출되며 메소드를 호출하는 방법은 다음과 같다.

메소드를 호출하는 방법:

Object.methodname()

예5.6) 메소드를 호출하는 방법

```
mycar showCar()
wifecar showCar()
```

예5.7) 객체의 속성과 메소드를 나타낸 예

```
function saram(name, jikup, nai, sex){
this.name=prompt("이름:", "name");//saram이라는 객체의 이름 속성
this.jikup=prompt("직업:", "jikup");//saram이라는 객체의 직업속성
this.nai=prompt("나이:", "nai");//saram이라는 객체의 나이속성
this.sex=prompt("성별:", "sex");//saram이라는 객체의 성별속성
this.display=display;//display라는 메소드를 사용하여 속성들 나열
}
function display(){
document.write(this.name+"<p>");
document.write(this.jikup+"<p>");
document.write(this.nai+"<p>");
document.write(this.sex+"<p>");
}
```

NOTE

이 예에서는 saram의 함수를 이용하여 객체를 생성하며 4개의 객체 속성 name, jikup, nai, sex를 사용한다. 그리고 display()메소드 함수를 이용하여 객체의 속성들을 d splay한다.

예5.8) 경고메시지를 보여주는 윈도우

```
<html>
<head>
<script language="javascript">
function pushbutton(){
alert("안녕하세요! 여러분을 사랑합니다");
}
</script>
</head>
<body>
<form>
<input type="button" name="lee" value="저를 살짝 눌러주세요"
onClick="pushbutton()">
</form>
</body>
</html>
```

NOTE

이 예는 alert박스를 이용하여 경고메시지를 보여주는 윈도우 화면이다. head 태그에서 함수 pushbutton()을 정의하고 alert()함수를 호출한다. 그리고 버튼을 이용하여 윈도우 화면을 생성하기 위해 input 속성을 정의한다.

input 속성에서 정의된 onClick="pushbutton()"이벤트 함수를 클릭하면 pushbutton()함수가 호출되게 된다.

따라하기

```
ch5-2.html
〈head〉
〈title〉 스크립트에 오신 것을 환영합니다.〈/title〉
〈h3〉 이것은 객체의 속성과 메소드를 알아보는 내용입니다.〈/h3〉
〈script language="javascript"〉
〈!-- 객체의 속성과 메소드정의 시작
```

```
function saram(name,jikup,nai,sex){
this.name=prompt("이름:", "name");
this.jikup=prompt("직업:", "jikup");
this.nai=prompt("나이:", "nai");
this.sex=prompt("성별:", "sex");
this.display=display;// display라는 메소드 사용
}
function display(){
document.write(this.name+"<br>");
document.write(this.jikup+"<br>");
document.write(this.nai+"<br>");
document.write(this.sex+"<br>");
}
newsaram=new saram();
// 속성정의 끝-->
</script>
</head>
<body>
<script language="javascript">
<!-- 함수처리시작
newsaram.display();
// 함수처리끝.-->
</script>
</body>
</html>
```

NOTE

이 프로그램은 객체의 속성을 알아보는 스크립트 코드이다. saram의 함수를 이용하여 객체를 생성하며 4개의 객체 속성 name, jikup, nai, sex를 사용한다. 프롬프트 박스에 name, jikup, nai, sex의 속성 값을 각 각 입력하면 그 결과가 화면에 display된다.

5.3 Object의 참조배열

스크립트객체의 참조배열이란 일반 배열과 유사하다. 스크립트의 배열은 다른 언어들처럼 배열의 자료형을 지정해줄 필요가 없으며 서로 다른 자료형을 배열 요소로 참조할 수 있다. 스크립트의 배열은 속성과 실제적으로 연관성이 있으며 array[0], array[1], array[2], ..., array[n−1] 등의 배열요소를 인덱스 값으로 표현하며 객체는 하나의 배열로 표현이 가능하다.

객체를 배열로 표현할 경우 객체의 속성들은 배열의 요소가 되며 배열요소의 속성 값들을 문자열로 나타낸다. 앞 예를 다시 살펴보자.

예5.9)

```
function saram(name, jikup, nai, sex){
this.name=prompt("이름:", "name");//saram이라는 객체의 이름 속성
this.jikup=prompt("직업:", "jikup");//saram이라는 객체의 직업속성
this.nai=prompt("나이:", "nai");//saram이라는 객체의 나이속성
this.sex=prompt("성별:", "sex");//saram이라는 객체의 성별속성
this.display=display;//display라는 메소드를 사용하여 속성들 나열
}
function display(){
document.write(this.name+"<p>");
document.write(this.jikup+"<p>");
document.write(this.nai+"<p>");
document.write(this.sex+"<p>");
}
```

이 예에서의 객체 saram에 대한 속성출력 함수들을 참조배열로 표현하면 다음과 같다.

```
document.write(this[0]+"<p>");→document.write(this["name"]+"<p>");
document.write(this[1]+"<p>");→document.write(this["jikup"]+"<p>");
document.write(this[2]+"<p>");→document.write(this["nai"]+"<p>");
document.write(this[3]+"<p>");→document.write(this["sex"]+"<p>");
```

예5.10) professor["name"]="홍길동"
professor["age"]="37"
professor["major"]="게임공학"

이 예에서의 배열은 다음과 같이 배열 인덱스 또는 속성을 이용한 식으로도 표현된다.

```
professor[0]="홍길동"
professor[1]="37"
professor[2]="게임공학"
```

따라하기

```
ch5-3.html
<head>
<title> 스크립트에 오신 것을 환영합니다.</title>
<h3> 이것은 객체의 참조배열에 대한 내용입니다.</h3>
<script language="javascript">
<!-- 객체의 속성정의 시작
function saram(name, jikup, nai, sex){
this.name=prompt("이름:", "name");
this.jikup=prompt("직업:", "jikup");
this.nai=prompt("나이:", "nai");
this.sex=prompt("성별:", "sex");
this.display=display;
}
function display(){
document.write(this["name"]+"<br>");
document.write(this["jikup"]+"<br>");
document.write(this["nai"]+"<br>");
document.write(this["sex"]+"<br>");
}
newsaram=new saram();
```

```
// 속성정의 끝-->
</script>
</head>
<body>
<script language="javascript">
<!-- 함수처리시작
newsaram.display();
// 함수처리끝.-->
</script>
</body>
</html>
```

NOTE

이 프로그램은 객체의 참조 배열을 이용한 객체의 속성을 알아보는 스크립트 코드이다. ch5-2.html과 같은 결과이며 객체의 참조 배열을 이용하여 객체의 속성을 나타내고 있다.

5.4 Object의 제어구조

객체의 제어구조는 앞장에서 살펴 본 스크립트의 제어구조와 유사하다. 그러나 스크립트의 제어구조는 문장을 제어하는데 반해서 객체의 제어구조는 객체와 객체의 속성을 제어한다.

▶ for~in 문

for~in 문은 객체에 정의된 속성들을 반복적으로 처리해주는 반복문이며
for~in 문의 형식은 다음과 같다.

for~in 문의 형식:

```
for(변수명 in 객체명 ){
        문장들
}
```

앞 예에서 살펴 본바와 같이 saram 객체의 경우에는 객체이름 saram을 써주고 변수이름에는 객체의 속성들을 써 주게 된다.

예5.11)
```
function saram(name, jikup, nai, sex){
 this.name=prompt("이름:", "name");
 this.jikup=prompt("직업:", "jikup");
 this.nai=prompt("나이:", "nai");
 this.sex=prompt("성별:", "sex");
 this.display=display;
 }
```

NOTE

예5.10)을 for~in 반복문으로 나타내면 for다음에는 객체의 속성들 name, jikup, nai, sex가 오며 in 다음에는 객체 saram이 오게 된다.

이러한 속성과 객체를 for~in 문으로 나타내면

for(var 각각의 속성들 in saram){
document.write(saram[각각의 속성들]);이 된다.

즉 예5.11)의 반복구조는 saram이 가지고 있는 속성들 name, jikup, nai, sex를 한 번씩 반복해서 보여주게 된다.

5.5 Object의 구조도

우리가 브라우저를 이용하여 스크립트 문서를 볼 재 스크립트는 다양한 종류의 표준객체들을 제공한다. 이러한 표준객체들은 스크립트 명령어들을 처리하는데 매우 중요한 기능을 수행하며 표준 객체들은 각기 다른 객체들과 서로 연결되어 있다.

일반적으로 윈도우(Window)객체는 최상위 객체이며 윈도우 객체 아래에 프레임(Frame), 문서(Document), 로케이션(Location), 히스토리(History)등의 객체들이 있고 문서 객체 아래에는 애플릿(Applet), 앵커(Anchor 또는 Anchor Array), 폼(Form 또는 Form Array), 에어리어/링크(Area/Link), 그리고 이미지(Image 또는 Image Array) 등의 객체가 있다. 다시 폼 객체 아래에는 버튼(Button), 체크박스(Checkbox), 배열요소(Elements Array), 파일업로드(File upload), 감추기(Hidden), 패스워드(Password), 라디오(Radio), 리셋(Reset), 선택(Selection), 제출(Submit), 텍스트(Text), 텍스트에어리어(TextArea) 등의 하위 객체가 있으며 내장객체로서 배열내장객체(Array), 날짜내장객체(Date), 함수내장객체(Function), 수학내장객체(Math), 네비게이터내장객체(Navigator), 문자열내장객체 등이 있다.

이러한 객체구조는 상속구조를 지원하지 않아 객체지향구조와는 다르며 스크립트의 객체는 자신이 사용하는 메소드와 속성들을 가지고 있다. 다음 그림5.1은 이러한 객체 구조를 나타내는 객체의 구조도이다.

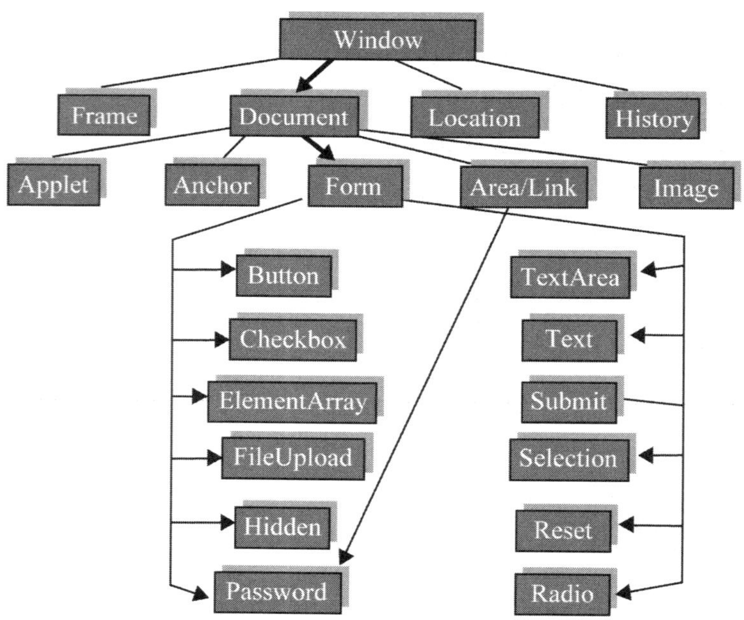

그림5.1 객체 구조도

▶ 윈도우: 모든 다른 객체들을 포함하고 있는 최상우 객체
▶ 프레임: 페이지를 URL주소에 따라 윈도우화면을 분할
▶ 문서: 브라우저 윈도우 또는 윈도우 프레임의 내용
▶ 로케이션: URL 또는 현재 문서에 관한 위치정보들
▶ 히스토리: 이전에 클라이언트가 방문한 URL 주소
▶ 애플릿: html 폼의 자바애플릿
▶ 앵커: 앵커는 html 문서의 앵커
▶ 폼: html 문서에서 체크박스, 버튼, 텍스트 같은 상호 작용이 가능한 요소들
▶ 에어리어링크: html 문서에서 하이퍼텍스트 링크 된 에어리어 객체
▶ 이미지: html 문서가 있는 이미지태그
▶ 배열: 자바스크립트 데이터를 액세스하기 위한 배열
▶ 버튼: html 문서의 버튼들
▶ 체크박스: html 문서의 체크박스들
▶ 날짜: 날짜와 시간
▶ 배열요소: 버튼 객체나 텍스트와 같은 폼 요소 객체들
▶ 파일 업 로드: 사용자가 지정한 파일을 업 로드
▶ 함수: 스크립트의 코드들을 실행하기 위한 함수들
▶ 숨기기(감추기): html 서식에서 숨겨진 텍스트 필드
▶ 링크: html 문서에서의 하이퍼텍스트 링크
▶ 수학객체: 수학에서 사용되는 상수 및 함수들에 관한 정보
▶ 네비게이터: 현재 사용되고 있는 네비게이터에 대한 정보
▶ 패스워드: html 문서에 입력해주는 암호
▶ 선택: html 문서에 있는 선택리스트 또는 스크롤 리스트
▶ 보내기(전송 또는 제출): html 문서에 있는 Submit 버튼
▶ 문자열: 자바스크립트에서 처리되는 각종 문자열 정보
▶ 텍스트: html 문서 작성을 위한 텍스트 정보
▶ 텍스트에어리어: html 문서에서 텍스트에어리어로 구성된 입력 필드

5.6 Embedded Objects

Embedded object들은 여러 가지 작업들을 효율적으로 처리하도록 지원해 주는 보조기능이다. 이러한 스크립트 내장 객체들은 스크립트에 미리 정의되어 있으며 string, date, math, array, function, number객체 등이 주로 내장객체로 사용되고 있다. 이들 객체들은 속성과 메소드들로 구성되어 있으며 스크립트에 내장되어 있다. 내장 객체에 대한 구조도는 그림5.2와 같다.

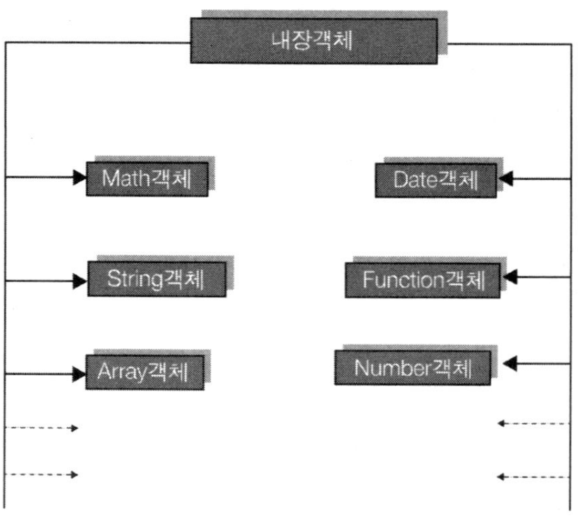

그림5.2 내장 객체의 구조도

date 객체

date의 내장 객체는 속성은 제공하지 않으며 날짜와 시간정보를 제공하는 메소드들로 구성되어 있다. date의 내장 객체를 이용하여 날짜정보를 얻을 수 있으며 날짜와 시간을 설정할 수 도 있다.

단 date 객체는 1970년 1월 1일 00:00:00이후의 시간만을 이용할 수 있으며 이전 시간은 저장해 놓지 않아 이용할 수 없다. date 객체의 생성은 new 연산자를 사용하며 형식은 다음과 같다.

date 객체 생성 형식:

형식1:dateObject=new Date()

형식2:dateObject=new Date(year, month, day)

형식3:dateObject=new Date(year, month, day, hours, minutes, seconds)

예5.12) 1) today=new Date()

2) today_1999=new Date()

3) today_1999=new Date(1999, 10, 15)

NOTE

예5.12)의 1)은 날짜를 생성하는 객체 생성 형식이며 2)는 년도를 생성하는 객체 생성 형식이다. 그리고 3)은 년, 월, 일을 생성하는 객체 생성 형식이다.

▶ date 객체의 메소드

〈표5.1〉 date 객체의 메소드

메 소 드	기 능 설 명
getDate()	1부터 31일까지의 특정 달의 날짜를 반환해주는 메소드
getDay()	요일을 반환해주는 메소드 함수
getHours()	시간을 반환해 주는 메소드
getMinutes()	분을 반환해 주는 메소드
getMonth()	달을 반환해주는 메소드
getSecond()	초를 반환해주는 메소드
getTime()	시.분.초를 반환해 주는 메소드
getYear()	두 자리 숫자의 연도를 반환해주는 메소드
parse()	매개변수로 제공된 날짜의 시간을 00:00:00으로 반환해주는 메소드
setDate()	날짜를 설정해주는 메소드
setHours()	시간을 설정해주는 메소드
setMinutes()	분을 설정해 주는 메소드
setMonth()	달을 설정해주는 메소드
setSecond()	분을 설정해주는 메소드
setTime()	시간을 설정해주는 메소드
setYear()	연도를 설정해주는 메소드
toString()	날짜를 문자열로 반환해 주는 메소드
toLocaleString()	"MM/DD/YY HH:MM:SS"형태로 날짜와 시간을 반환해주는 메소드

예5.13) 날짜와 시간을 알아보기 위한 메소드

```
function displayTime(){
var today=new Date();
// 날짜를 생성한다.
var hours=today.getHours();
// 시간을 생성한다.
var minutes=today.getMinutes();
// 분을 생성한다.
var seconds=today.getSeconds();
// 초를 생성한다.
var time=""+((hours>12)?hours-12:hours);
time+=((minutes<10)? ":0" : ":")+minutes;
time+=((seconds<10)? "0" : ":")+seconds;
time+=(hours>=12)? "P.M" : "A.M";
```

NOTE

이 예는 날짜와 시간을 알아보기 위한 메소드이다.

시간을 설정하기 위하여 displayTime()메소드 함수를 선언한다.

그리고 시간을 수행하기 위해 날짜, 시간, 분, 초의 메소드함수를 선언한다. ((hours〉12)?hours-12:hours)의 문장은 hours의 값이 12를 넘으면 시간에서 12를 빼주고 넘지 않으면 hours의 값을 사용하라는 의미이다. 분, 초를 수행하는 문장도 같은 의미이다. 여기서 time은 시간을 할당하고 시간이 할당되어 있는 값에 분을 추가하고 시간과 분이 할당되어 있는 값에 초를 할당하는 변수이며 할당된 시간이 P.M인지 A.M인지를 구분하여 현재의 시간을 나타내게 된다.

따라하기

ch5-4.html

```
<html>
<head>
<title>스크립트에 오신 것을 환영합니다.</title>
</head>
```

```
<body>
<h3> 이것은date에 대한 내장객체입니다.</h3>
<script language="javascript">
<!-- date 객체 시작
today=new Date()
document.write("현재날짜는:", today.getYear(), "년", today.getMonth()+1, "월", today.
getDate(), "일:")
document.write("현재시각은:", today.getHours(), "시", today.getMinutes(), "분")
// date객체 끝-->
</script>
</body>
</html>
```

NOTE

이 프로그램은 date에 대한 내용을 알아보는 스크립트 코드이다. 스크립트 내장 객체 Date()함수를 이용하여 현재 날짜와 현재 시각을 처리하며 그 결과가 화면에 출력된다.

math객체

math 객체는 수학연산을 수행하기 위해 제공되는 객체이다. math 객체는 정적 객체로서 new 연산자를 사용하지 않으며 연산을 수행하는 속성과 메소드 앞에 math 라는 객체 명을 써준다. math 내장객체의 속성과 메소드는 아래와 같다.

예5.14)
```
Math. PI // PI 앞에 객체 명 Math를 써주고 PI 값 처리
Math. SQRT2 // SQRT 앞에 객체 명 Math를 써주고
            // SQRT2 값 처리
Math. cos(0.5) // cos(0.5) 앞에 객체 명 Math를 써주고
               // cos(0.5) 값 처리
```

▶ math 객체의 속성

〈표5.2〉 math 객체의 속성

속　　성	기　능　　설　명
E	오일러 상수
LN10	10의 자연로그
LN2	2의 자연로그
PI	3.14159..의 파이값
SQRT	제곱근 값을 나타내는 속성
SQRT2	2의 제곱근
SQRT1_2	1/2의 제곱근을 나타내는 속성

예5.15)

```
document.write("pi:"+Math.PI+"<br>")
  //파이 값을 계산하여 출력해준다.
document.write("sqrt:"+Math.SQRT+"<br>")
  // 루트값을 계산하여 출력해준다.
document.write("ln10:"+Math.LN10+"<br>")
  //10의 자연로그를 계산하여 출력해준다.
```

▶ math 객체의 메소드

〈표5.3〉 Math 객체의 메소드

메　소　드	기　능　　설　명
abs(number)	절대값을 반환해 주는 메소드
acos(number)	아크코사인 값을 레디안 값으로 반환해 주는 메소드
asin(number)	아크사인 값을 레디안 값으로 반환해 주는 메소드
atan(number)	아크탄젠트 값을 레디안 값으로 반환해 주는 메소드
ceil(number)	매개변수로 설정된 값보다 같거나 큰 값을 반환해 주는 메소드
exp(number)	지수 값을 반환해 주는 메소드
floor(number)	매개변수로 설정된 값보다 같거나 작은 수를 반환해 주는 메소드
log(number)	밑 수10의 로그값을 반환해 주는 메소드
max(numbe1r,number2)	두 수중 큰 수를 반환해 주는 메소드
min(number1,number2)	두 수중 작은 수를 반환해 주는 메소드
pow(number1,number2)	멱수 값을 반환해 주는 메소드
random()	0과 1사이의 랜덤 값을 반환해 주는 메소드
round(number)	올림수 또는 내림수를 반환해 주는 메소드
sin(number)	사인 값을 반환해 주는 메소드
sqrt(number)	제곱근 값을 반환해 주는 매소드
tan(number)	탄젠트 값을 반환해 주는 메소드

예5.16)
```
document.write("log:"+Math.log(2)+"<br>")
 // 로그를 계산하는 메소드
document.write("sin:"+Math.sin(pi)+"<br>")
//사인값을 계산하는 메소드
document.write("cos:"+Math.cos(pi)+"<br>")
//코사인 값을 계산하는 메소드
```

따라하기

```
ch5-5.html
<html>
<head>
<title>스크립트에 오신 것을 환영합니다.</title>
<h2> 이것은 Math 객체에 관한 내용입니다.</h2>
</head>
<body>
<script language="javascript">
<!-- Math 객체 시작
document.write("오일러 상수:"+Math.E+"<br>")
document.write("파이값        :"+Math.PI+"<br>")
document.write("루트값        :"+Math.SQRT2+"<br>")
// Math 객체 수행 끝-->
</script>
</body>
</html>
```

NOTE

이 프로그램은 math에 대한 내용을 알아보는 스크립트 코드이다. 스크립트 너장 객체 math함수의 속성을 이용하여 오일러 상수, 파이 값, 루트 값을 처리하며 그 결과가 화면에 출력된다. 10의 자연로그 LN10과 2의 자연로그 LN2도 Math.LN10과 Math.LN2를 이용하여 값을 계산할 수 있다.

string 객체

string 객체는 문자열을 구성하는 문자들의 집합을 의미한다.

스크립트에서 string의 내장 객체는 문자열을 다양하게 처리 할 수 있도록 많은 메소드들과 속성을 제공한다. 문자열 처리는 예를 들어 worldcup="2002 seoul korea"와 같이 " "의 인용부호를 이용한다.

string 객체는 객체를 생성하는 new 연산자를 사용하지 않으며 속성과 메소드는 아래와 같다.

▶ string 객체의 속성

〈표5.4〉 string 객체의 속성

속 성	기 능 설 명
length	문자열의 길이를 나타내주는 속성

예5.17) munja="이것은 스크립트입니다."

```
document.("문자열의 길이:"+munja.length+"<br>")
```

NOTE

이 예는 문자열의 길이를 구하는 속성이다. 문자열 "이것은 스크립트입니다."를 munja 변수에 할당하고 문자열 길이를 구하는 속성.length를 이용하여 문자의 길이를 계산한다. 문자열 길이 속성 length는 공백을 포함한 문자를 계산하며 계산된 문자열의 길이는 14이다.

▶ string 객체의 메소드

〈표5.5〉 string 객체의 메소드

메 소 드	기 능 설 명
anchor(name)	html의 〈a name=" 식"〉...〈/a〉태그로 작성된 앵커를 나타내는 메소드
big()	html의 big 태그로 작성된 문자열의 크기를 크게 해주는 메소드
blink()	html의 blink 태그로 작성된 군자열을 깜빡거리게 해주는 메소드
bold()	html의 bold 태그로 작성된 문자열을 진하게 해주는 메소드
charAt(index)	지정된 위치에서 문자를 찾아주는 메소드
fixed()	고정폭 폰트의 타자기체를 나타내는 메소드
fontcolor(color)	폰트의 색상을 나타내는 메소드
fontsize(size)	폰트의 크기를 나타내는 메소드

예5.18)

```
document.write("big".big()+"<br>")
//문자열을 크게 해주는 메소드
document.write("bold".bold()+"<br>")
//문자열을 진하게 해주는 메소드
document.write("fontsize5".fontsize(5)+"<br>")
//폰트 사이즈를 지정해 주는 메소드
document.write("fontcolor=cyan".fontcolor("cyan")+"<br>")
// 폰트 색상을 지정해 주는 메소드
```

▶ string 객체의 메소드

〈표5.6〉 string 객체의 메소드

메 소 드	기 능 설 명
indexOf (findstring, startingIndex)	지정된 위치의 문자를 처음부터 검색하여 찾아주는 메소드
italics()	이탤릭체의 문자를 반환해주는 메소드
lastIndexOf (findString, startingIndex)	지정된 위치의 문자를 마지막에서부터 검색하여 찾아주는 메소드
link(href)	URL주소를 링크시키는 메소드
small()	문자열을 작게 해주는 메소드
strike()	문자열 가운데를 줄을 그어주는 메소드
sub()	문자열의 아래첨자를 나타내주는 메소드
sup()	문자열의 위 첨자를 나타내주는 메소드
substring(firstIndex, lastIndex)	지정된 위치에 있는 문자열을 탐색하여 반환해 주는 메소드
toLowerCase()	문자열을 소문자로 바꾸어 주는 메소드
toUpperCase()	문자열을 대문자로 바꾸어 주는 메소드

예5.19)
```
document.write("italics".italics()+"<br>")
// 이텔릭체로 변환해 주는 메소드
document.write("strike".strike()+"<br>")
// 문자열 가운데를 그어주는 메소드
document.write("sup".sup()+"<br>")
// 문자열의 위 첨자를 나타내는 메소드
```

따라하기

ch5-6.html

```
<html>
<head>
```

```
<title>스크립트에 오신 것을 환영합니다.</title>
</head>
<body>
<h3> 이것은 string객체에 대한 내용입니다.</h3>
<script language="javascript">
<!-- string 시작
exam="2002년 월드컵!"
document.write("<h3> 문자열 길이에 관한 내용:"+exam.length+"</h3>")
// string 끝-->
</script>
</head>
</body>
</html>
```

NOTE

이 프로그램은 문자열 길이를 알아보는 스크립트 코드이다. 문자열 길이를 알아보는 length속성을 이용하여 exam="2002년 월드컵!"의 문자열 길이를 계산하게 된다.

따라하기

ch5-7.html

```
<html>
<head>
<title>스크립트에 오신 것을 환영합니다.</title>
</head>
<body>
<h3> 이것은 string메소드에 대한 내용입니다.</h3>
<script language="javascript">
<!-- string 메소드 시작
```

```
document.write("이탤릭체:".italics()+"〈br〉")
document.write("글씨크기2:".fontsize(2)+"〈br〉")
document.write("글씨체 진하게:".bold()+"〈br〉")
document.write("글씨 크게:".big()+"〈br〉")
document.write("가운데 줄긋기:".strike()+"〈br〉")
document.write("글자색 알아보기:".fontcolor("red")+"〈br〉")
//string 메소드 끝-->
〈/script〉
〈/body〉
〈/html〉
```

NOTE

이 프로그램은 string 메소드를 이용한 문자열의 내용을 알아보는 스크립트 코드이다. 문자열을 처리하는 메소드 함수 italics(), fontsize(), bold(), big(), strike(), fontsize()를 이용하여 각각의 문자열들을 처리한다.

▶ string 객체의 하이퍼텍스트 연결기능

string 객체의 하이퍼텍스트를 연결하는 방법은 anchor()메소드와 link()메소드를 이용하여 하이퍼텍스트와 연결한다.

anchor()메소드는 특정 html 문서와 링크를 할 때 사용되며 link()메소드는 특정 html 문서 또는 특정 url주소에 링크 하고자 할 때 사용된다.

anchor()메소드는 html의 〈a name="문서의 위치"〉 문서 〈/a〉와 같은 기능을 수행하며 link()메소드는 〈a href="문서의 위치 또는 url주소"〉 문서 〈/a〉와 같은 기능을 수행한다.

예5.20) "도시명".anchor("서울시")→<a name="서울시">도시명</a>기능과 같다.

라이코스".link("http://www.lycos.co.kr")

→ <a href="http://www.lycos.co.kr">라이코스</a>기능과 같다.

〈표5.7〉 string 객체의 하이퍼텍스트 연결 메소드

메 소 드	기 능 설 명
anchor(문서의 위치)	링크시킬 문서의 위치 지정
link("문서의 위치 또는 url 주소)	링크시킬 문서의 위치 또는 url 주소 지정

예5.21)

```
document.write("mbc 문화방송".link("http://www.mbc.co.kr)+"<br>")
// mbc 문화방송을 링크시키는 메소드
document.write("kbs 방송국".link("http://www.kbs.co.kr)+"<br>")
// kbs 방송국을 링크시키는 메소드
document.write("야후 코리아".link("http://www.yahoo.co.kr")+"<br>")
// 야후코리아를 링크시키는 메소드
document.write("제1장".anchor("chapter1")+"<br>")
// 문서의 위치를 연결시키는 메소드
```

따라하기

ch5-8.html

```
〈html〉
〈head〉
〈title〉스크립트에 오신 것을 환영합니다.〈/title〉
〈/head〉
〈body〉
〈h3〉 이것은 string객체의 연결기능에 대한 내용입니다.〈/h3〉
〈script language="javascript"〉
〈!-- 하이퍼텍스트 연결기능 시작
document.write("서울시".anchor("서울시”)+"〈br〉")
document.write("전주시".anchor("전주시”)+"〈br〉")
document.write("라이코스".link("http://www.lycos.co.kr")+"〈br〉")
document.write("mbc".link("http://www.mbc.co.kr”)+"〈br〉")
// 연결기능 끝--〉
〈/script〉
```

```
</body>
</html>
```

NOTE

이 프로그램은 string 메소드를 이용한 하이퍼텍스트의 연결기능을 알아보는 스크립트 코드이다. 하이퍼텍스트 연결기능 anchor()와 link()메소드를 이용하여 전주시와 서울시의 문서의 위치를 지정하며 라이코스와 mbc의 url 주소를 지정한다.

array 객체

array 객체는 스크립트에서 배열을 생성하는데 사용되는 내장객체로서 속성과 메소드가 제공된다.

스크립트의 배열객체의 생성은 배열에 인덱스를 지정하여 객체를 생성하는 방법과 배열의 크기를 자동으로 정하는 방법 두 가지가 있다.

예를 들어 objects=new Array(5)는 인덱스를 5로 지정해준 배열이며 objects=new Array()는 인덱스를 지정하지 않은 배열이다. 이때 objects=new Array()의 배열은 크기가 자동으로 결정되게 된다.

예5.22)
```
objects=new Array(5)// 인덱스가 5인 배열요소
objects[0]="이순신"// 첫 번째 배열에 이순신이 할당
objects[1]="홍길동"//두 번째 배열에 홍길동이 할당
objects[2]="김유신"//세 번째 배열에 김유신이 할당
objects[3]="변강쇠"//네 번째 배열에 변강쇠가 할당
objects[4]="변사또"//다섯 번째 배열에 변사또가 할당
```

또한 Array 객체는 배열요소로 초기 값을 지정하여 배열을 선언 할 수가 있으며 선언된 배열의 초기 값에 따라 배열의 크기가 결정된다.

예5.23)
```
objects=new Array("이순신", "홍길동", "김유신")
```

NOTE

이 배열은 배열의 크기가 3인 배열로서 첫 번째 배열에 이순신이 할당되고, 두 번째 배열에는 홍길동 그리고 세 번째 배열에는 김유신이 할당된다.

▶ array 객체의 속성과 메소드

〈표5.8〉 array 객체의 속성

속 성	기 능 설 명
length	배열의 길이를 나타내는 메소드

〈표5.9〉 array 객체의 메소드

메 소 드	기 능 설 명
join("문자열")	문자열을 결합해 주는 메소드
sort(배열값)	배열에 있는 값을 정렬해 주는 메소드
reverse()	배열값들의 순서를 바꾸어 주는 메소드
concat(array)	두 개의 배열을 연결해 주는 메소드
slice(start, end)	배열값의 일부를 추출하여 새로운 배열을 만들어 주는 메소드

예5.24) join 문을 사용한 예

```
objects=new Array(2)
objects[0]="이순신"
objects[1]="홍길동"
objects.join()→매개변수를 사용하지 않은 예
// 결과를 "이순신, 홍길동"으로 결합해 주는 메소드
objects.join("+")→매개변수+를 사용한 예
// 결과를 "이순신+홍길동"으로 결합해 주는 메소드
object.join(":")→매개변수:를 사용한 예
// 결과를 "이순신:홍길동"으로 결합해 주는 메소드
```

예5.25) sort문을 사용한 예

```
        objects=new Array(3)
        objects[0]=8
        objects[1]=6
        objects[2]=7
    document.write("sort:"+objects.sort()+"<br>")
    // 정렬을 수행하는 메소드로서 결과는 6,7,8로 정렬이 된다.
```

예5.26) reverse 문을 사용한 예

```
        objects=new Array(3)
        objects[0]=8
        objects[1]=6
        objects[2]=7
    document.write("reverse:"+objects.reverse()+"<br>")
    // 배열 값의 순서를 바꾸어 주는 메소드로서 결과는 7, 6, 8이 된다.
```

따라하기

```
ch5-9.html
<html>
<head>
<title>스크립트에 오신 것을 환영합니다.</title>
</head>
<body>
<h3> 이것은 array객체에 대한 내용입니다.</h3>
<script language="javascript">
<!-- array 메소드 시작
objects=new Array(5)
objects[0]="이순신"
objects[1]="홍길동"
objects[2]="안중근"
objects[3]="변강쇠"
objects[4]="변사또"
```

```
document.write("정상:"+objects.join("▶")+"<br>")
document.write("반대로:"+objects.reverse().join("▶")+"<br>")
document.write("정렬:"+objects.sort().join("▶")+"<br>")
</script>
</body>
</html>
```

NOTE

이 프로그램은 배열의 내용을 알아보는 스크립트 코드이다. objects=new Array(5)는 인덱스를 5로 지정해 준 배열이며 지정된 배열에 각 문자열 값들이 할당된다. 문서의 출력 내용에서 정상은 배열에 지정된 순서로 내용이 출력되며 반대로는 가, 나, 다... 순서의 역순으로 정렬은 가, 나, 다...순서로 출력됨을 의미한다.

function 객체

function 객체는 함수를 처리하기 위해 사용되는 내장 객체로서 속성만 제공된다. 이 객체는 new 연산자를 이용하여 새로운 객체를 생성하며 함수를 생성하는 매개변수와 실제 함수의 내용을 지정한다.

function 객체의 함수의 생성 형식은 다음과 같다.

function 객체의 생성형식:

함수객체=new Function([매개변수1, 매개변수2, ...매개변수 n], 실제 함수값)

예5.27) 함수의 곱 객체=new Function("a", "b", "return a*b")

NOTE

이 예에서 Function("a", "b", "return a*b")의 매개변수 a에 5를, b 에 4를 각각 입력하면 20의 값을 반환하게 된다.

▶ function 객체의 속성

〈표5.10〉 function 객체의 속성

속 성	기 능 설 명
arguments	함수의 매개변수를 배열로 선언해주는 속성
prototype	변수들을 공유할 수 있도록 지원해 주는 속성

예5.28) function 객체의 속성 예

```
fs=new function("x", "return Math.cos(x)")
document.write("cos(0)"+fs(0)+"<br">)
// 코사인 값을 구하기 위해 매개 변수를 배열로 선언 해준 속성
document.write("cos(PI/2)"+fs(Math.PI/2)+"<br>")
// 코사인 값을 구하기 위해 Math.PI/2를 배열로 선언해준 속성
```

따라하기

ch5-10.html

```
<html>
<head>
<title>스크립트에 오신 것을 환영합니다.</title>
</head>
<body>
<h3> 이것은 function객체에 대한 내용입니다.</h3>
<script language="javascript">
<!-- function 객체 시작
cos_func=new Function("a","return Math.cos(a)")
document.write("코사인:"+cos_func(0)+"<br>")
document.write("코사인:"+cos_func(Math.PI/3)+"<br>")
document.write("코사인:"+cos_func(Math.PI/2)+"<br>")
// function 객체 끝-->
</script>
```

```
</body>
</html>
```

NOTE

이 프로그램은 function 객체의 내용을 알아보는 자바스크립트 코드이다.
cos_func=new Function("a", "return Math.cos(a)")함수에 각각의 값을 할당하여 코사인 값을 계산한다.

따라하기

```
ch5-11.html
<html>
<head>
<title>스크립트에 오신 것을 환영합니다.</title>
</head>
<body>
<h3> 이것은 function객체에 대한 내용입니다.</h3>
<script language="javascript">
<!-- function 객체 시작
braces=new Function("s", "return '{'+s+'}'")
document.write(braces("이것은"))
document.write(braces("자바"))
document.write(braces("스크립트입니다."))
// function 객체끝-->
</script>
</body>
</html>
```

NOTE

이 프로그램은 function 객체의 브레이스 내용을 알아보는 스크립트 코드이다. braces=new Function("s", "return '{'+s+'}'")함수를 설정하고 설정된 함수에 각각의 문자열 값들이 할당된다. 할당된 문자열 값들이 브레이스에 출력된다.

number 객체

number 객체는 내장 객체 중 아주 간단한 내용으로서 이 객체는 일, 이, 삼 등의 문자를 숫자 1, 2, 3으로 바꾸어 주는 객체이다.

예5.29) 일→1, 이→2, 삼→3, 사→4 로 변환

▶ number 객체의 속성과 메소드

〈표5.11〉 number 객체의 속성

속 성	기 능 설 명
max_value	최대값을 나타내는 속성
min_value	최소값을 나타내는 속성
NaN	숫자를 나타내지 않는 속성
negative_infinity	무한 음수를 나타내는 속성
positive_infinity	무한 양수를 나타내는 속성
protype	객체 프로토타입을 지원하는 속성

〈표5.12〉 number 객체의 메소드

메 소 드	기 능 설 명
toString(radix)	radix 값을 반환 해주는 메소드
valueOf()	객체의 수치값을 반환 해주는 메소드

예5.30)
```
document.write("일"+number("1")+"<br">)
// 일을 1로 바꾸어 주는 메소드
document.write("이"+number("2")+"<br>")
// 이를 2로 바꾸어 주는 메소드
document.write("삼"+number("3")+"<br>")
// 삼을 3으로 바꾸어 주는 메소드
```

따라하기

ch5-12.html

```
<html>
<head>
<title>스크립트에 오신 것을 환영합니다.</title>
</head>
<body>
<h3> 이것은 number객체에 대한 내용입니다.</h3>
<script language="javascript">
<!-- number 객체 시작
document.write("일 :"+Number("1")+"<br>")
document.write("이 :"+Number("2")+"<br>")
document.write("사 :"+Number("4")+"<br>")
// number 객체끝-->
</script>
</body>
</html>
```

NOTE

이 프로그램은 문자를 숫자로 바꾸어 주는 스크립트 코드이다. 문자 일, 이, 삼, 사를 숫자 1, 2, 3, 4로 바꾸어 준다.

따라하기

```
ch5-13.html
<head>
<title>스크립트에 오신 것을 환영합니다.</title>
<h4> 이것은 상태바에 문자열을 스크롤하는 내용입니다.</h4>
<script language="javascript">
var message="안녕하세요! 여러분을 사랑합니다.";
var messagelen=message.length;
var width=80;
var pos=1-messagelen;
function scroll(){
pos++;
var scroller="";
if(pos==messagelen){pos=1-width;
}
if(pos <0){
for( var i=1;i <=Math.abs(pos);i++){
scoroller=scroller+"";
}
scroller=scroller+message.substring(0,width-i+1);
}
else{
scroller=scroller+message.substring(pos,width+pos);
}
window.status=scroller;
setTimeout("scroll()",100);
}
</script>
</head>
```

```
<body bgcolor="orange" onLoad="scroll(); return true;">
</body>
</html>
```

제6장

Scripts의 Event와 Event Handler

6.1 Event

스크립트에서 이벤트는 중요한 부분을 차지하며 이벤트란 사용자가 웹 페이지나 브라우저에 수행한 동작들을 발생시키는 일련의 작업들이다.

이벤트는 링크나 이미지, 이미지 맵, 폼 요소, 윈도우등의 웹 페이지에서 볼 수 있다. 예를 들어 웹 페이지에서 이벤트란 사용자가 링크 위에 마우스를 대면 다이얼로그 박스가 나타나고, 사용자가 마우스를 이미지 위에 가져다 놓을 때 이미지가 화면에 나타나는 작업등이 이벤트들이다.

이벤트는 이벤트 핸들러에 의해서 수행되며 이벤트 핸들러란 이벤트 발생에 의해서 실행되는 이벤트함수 또는 메소드들을 말한다.

일반적으로 이벤트에는 각 이벤트마다 하나의 이벤트 핸들러가 존재한다. 이러한 이벤트와 이벤트 핸들러에 의해서 웹 통신이 수행되며 서버에 저장된 웹 페이지를 생동감 있게 제공해 주게 된다.

6.2 Event process

Event process 방법에는 스크립트를 이용하여 처리하는 방법과 스크립트 코드와 연결하여 사용하는 방법 2가지가 있다.

스크립트 코드와 연결하여 사용하는 방법은 3단계로 진행된다.

단계1 이벤트 속성을 지정한 후 처리하려고 하는 이벤트를 html 태그에 삽입하고

단계2 html 태그에 삽입한 스크립트의 코드 속성 값을 지정하고

단계3 이벤트 속성 값을 지정한 후에는 이벤트 처리 함수를 호출하여 이벤트를 처리한다. 이벤트를 처리하는 속성은 표6.1과 같다.

〈표6.1〉 이벤트를 처리하는 속성

이 벤 트 속 성	기 능 설 명
onAbort	사용자의 작업을 빠져나오는 이벤트
onBlur	입력양식포커스를 다른 곳으로 이동하는 이벤트
onChange	입력양식 포커스를 변경해 주는 이벤트
onClick	입력양식 포커스를 마우스로 클릭해 주는 이벤트
onDblClick	마우스를 더블 클릭해 주는 이벤트
onDragDrop	마우스를 드래그 하여 끌어다 주는 이벤트
onError	이미지나 윈도우를 읽다가 에러가 발생했을 때 수행하는 이벤트
onFocus	문서나 윈도우, 폼 요소 등에 입력포커스를 설정하는 이벤트
onKeyDown	사용자가 키를 눌렀을 때의 발생하는 이벤트
onKeyPress	사용자가 키를 눌렀다가 놓을 때 발생하는 이벤트
onKeyUp	사용자가 키를 눌렀다가 떼었을 때 발생하는 이벤트
onLoad	이미지나 문서 프레임 등을 로드시키는 이벤트
onMouseDown	사용자가 마우스 버튼을 눌렀을 때의 이벤트
onMouseMove	마우스를 이동시키는 이벤트
onMouseOut	링크나 클라이언트 쪽에서 마우스를 옮기는 이벤트
onMouseOver	마우스를 링크나 클라이언트 쪽으로 옮기는 이벤트
onMouseUp	사용자가 마우스를 놓는 이벤트
onMove	윈도우나 프레임을 옮기는 이벤트
onReset	폼을 리셋시키는 이벤트
onResize	윈도우나 프레임의 크기를 재조정하는 이벤트
onSelect	필드나 영역을 선택하는 이벤트
onSubmit	폼을 제출하는 이벤트
0nUnload	문서나 프레임세트를 종료시키는 이벤트

예를 들어 다음과 같은 onClick() 이벤트 함수를 살펴보자.

예6.1)
```
<form name=" 폼1">
<b> Expression:</b>
<input type="text" name="수식 계산" value="5" size='30">
<input type="button" value="Calculate" name="calcButton"
onClick="calcExpression(this.form)">
</form>
```

NOTE

이 예에서 이벤트 함수onClick="calcExpression(this.form)" 이 발생되면 이벤트 작업이 수행되며 한 개의 텍스트 박스와 한 개의 버튼 박스가 생성된다.

이와 같이 onClick과 같이 발생된 이벤트처리를 위해 이벤트 핸들러를 사용하며 이벤트 핸들러는 **이벤트 앞에 on을 붙여 이벤트들을 처리하게 된다.** 입력 폼 기능 input type에 대해서는 9장에서 자세히 다룬다.

onClick

onClick 이벤트는 입력 폼의 버튼 양식을 마우스로 클릭해 주는 이벤트이다. 여기서 생성된 버튼을 클릭하면 클릭 이벤트를 처리하게 된다.

예6.2) onClick 이벤트 사용예
```
<input type="button" value="버튼1" onClick="showTime()">
```

따라하기

ch6-1.html
```
<html>
<head>
<title> 스크립트에 오신 것을 환영합니다.</title>
<h3> 이것은 onClick 이벤트에 대한 내용입니다.</h3>
<script language="javascript">
function calculate(form){
form.su.value=eval(form.lee.value);
```

```
}
</script>
</head>
<body>
<hr>
<p>
<Form Name="leeform">
<br> <b> 수식 입력: </b> <input type="text" Name="lee" value=""
size="20"> <br>
계산 결과 값: <input type="text" name="su" onFocus="this.blur();">
<br> <br>
<input type="button" value="계산 수행" onClick="calculate(this.form);">
</Form>
</body>
</html>
```

NOTE

이 프로그램은 onClick 이벤트를 알아보는 스크립트 코드이다.
수식을 입력하고 계산수행이라는 버튼을 클릭하면 실행된 계산 결과 값이 텍스트 필드에 출력된다.

onFocus

onFocus 이벤트는 문서나 윈도우, 폼 요소 등에 입력포커스를 설정해주는 이벤트이다. 여기서는 showFocus를 이용하여 매개변수를 입력받는다.

예6.3) onFocus 이벤트 사용 예

```
<input type="text" Name="focus1" value=""
size="30" onFocus="showFocus(this.name)">
```

따라하기

ch6-2.html

```
<html>
<head>
<title> 스크립트에 오신 것을 환영합니다.</title>
<h3> 이것은 onFocus에 대한 내용입니다.</h3>
<script language="javascript">
function showFocus(text){
window.status=text+"Focus이벤트입니다.";
}
</script>
</head>
<body>
<hr>
<p>
<ul>
<Form Name="leeform">
<br><b> 폼1 :</b><input type="text" Name="이슬기" value=""
size="30" onFocus="showFocus(this.name)">
<hr>
<br><b> 폼2 :</b><input type="text" Name="이보람" value=""
size="30" onFocus="showFocus(this.name)">
</Form>
</body>
</html>
```

NOTE

이 프로그램은 onFocus 이벤트를 알아보는 스크립트 코드이다. showFocus(text)함수를 설정하고 텍스트 값을 입력한다. 그러면 입력된 값을 포커스로 돌려주게 된다. 따라서 폼1과 폼2에 각각 텍스트 값을 입력하고 클릭하면 두 개의 포커스가 생성된다.

onBlur

onBlur 이벤트는 입력양식포커스를 다른 곳으로 이동해 주는 이벤트로서 onFocus 이벤트와는 반대이다. 즉 onBlur 이벤트는 form 부분의 포커스에서 빠져 나올 때 사용하는 이벤트이다.

예6.4) onBlur 이벤트 사용예

```
<input type="text" Name="lcd1"
value="" size="30" onBlur="checkcity(this.value)">
```

따라하기

```
ch6-3.html
<html>
<head>
<title> 스크립트에 오신 것을 환영합니다.</title>
</head>
<h3> 이것은 onBlur에 대한 내용입니다.</h3>
<body>
<hr>
<script language="javascript">
function checkcity(text){
window.status="onBlur이벤트입니다.";
if(text!="제주시")
alert("틀린 도시명.:"+text);
```

```
}
</script>
<p>
<Form Name="leeform">
<br> <b> 한라산은 어디에 있습니까? :</b> <input type="text" Name="lcd" value="" size="30" onBlur="checkcity(this.value)">
</Form>
</body>
</html>
```

NOTE

이 프로그램은 onBlur 이벤트를 알아보는 스크립트 코드이다.
function checkcity(text)함수를 설정하고 텍스트 값을 입력한다. 입력된 텍스트 값이 제주시가 아니면 alert 박스에 "틀린 도시명"이란 텍스트가 나타난다.

onChange

onChange 이벤트는 입력양식 포커스를 변경해 주는 이벤트로서 사용자들이 텍스트 박스에 텍스트를 입력할 때는 이벤트가 발생하지 않으며 focus를 빠져 나올 때 이벤트가 발생된다.

즉 onChange 이벤트는 선택박스에서 어떤 값을 선택했을 때 발생되는 이벤트이다.

예6.5) onChange 이벤트 사용 예

```
<input type="text" Name="lcd1" value=""
size="30" onChange="checkcity(this.value)">
```

따라하기

ch6-4.html

```
<html>
```

```
<head>
<title> 스크립트에 오신 것을 환영합니다.</title>
<h3> 이것은 onChange에 대한 내용입니다.</h3>
<script language="javascript">
function checkcity(text){
window.status="onChange 발생 이벤트";
if(text!="남원시")
alert("틀린 지역명:"+text);
}
</script>
</head>
<body>
<hr>
<p>
<Form Name="leeform1">
<br><b> 지리산은 어디에 있습니까? :</b><input type="text" Name="lcd"
value="" size="30" onChange="checkcity(this.value)">
</Form>
</body>
</html>
```

NOTE

이 프로그램은 onChange 이벤트를 알아보는 스크립트 코드이다. function checkcity(text)함수를 설정하고 텍스트 값을 입력한다. 입력된 텍스트 값이 남원시이면 변경되지 않고 그렇지 않으면 alert 박스에 "틀린 도시명"이란 텍스트가 나타난다.

onLoad

onLoad 이벤트는 이미지나 문서 프레임 등을 로드시키는 이벤트로서 주로 html 문서 등을 로드할 때 발생하는 이벤트이다.

예6.6) onLoad 이벤트 사용 예

```
<body onLoad="alert('안녕하세요')" onUnload="alert('반갑습니다.')">
```

예6.7) onLoad 이벤트와 onUnload 이벤트

```
<html>
<head><title> 이벤트 처리</title>
</head>
<body bgcolor="orange" onLoad="alert('무엇을 좋아하세요?')
 onUnload="alert('영화를 좋아합니다.')">
</body>
</html>
```

NOTE

이 예는 문서를 로드시키는 이벤트로서 배경화면을 오렌지색으로 설정하고 두 개의 alert 박스를 로드시킨다. onLoad 이벤트를 로드시키면 '무엇을 좋아하세요?'라는 alert박스가 나타나며 onUnload 이벤트를 로드시키면 '영화를 좋아합니다.'라는 alert 박스가 나타나게 된다.

onSelect

onSelect 이벤트는 필드나 영역을 선택해 주는 이벤트로서 onFocus 이벤트와 다른 점은 onSelect 이벤트는 텍스트가 선택되었을 때 발생하는 이벤트이다.

onSelect 이벤트가 텍스트를 선택하고자 할 경우에는 마우스 커서를 선택하고자 하는 텍스트 위로 옮겨 수행한다.

예6.8) onSelect 이벤트 사용 예

```
<input type="text" Name="lcd1" value=""
```

```
size="30" onSelect="showSelect()">
```

따라하기

```
ch6-5.html
<html>
<head>
<title> 스크립트에 오신 것을 환영합니다.</title>
</head>
<body>
<hr>
<h3> 이것은 onSelect에 대한 내용입니다.</h3>
<script language="javascript">
function showSelect(){
window.status="이것은 자바스크립크 입니다.";
}
</script>
<p>
<form Name="leeform1">
<br><b> 내용을 입력하시오 :</b><input type="text" Name="lcd1" value=""
size="30" onSelect="showSelect()">
</form>
<hr>
</body>
</html>
```

NOTE

이 프로그램은 onSelect 이벤트를 알아보는 스크립트 코드이다. showSelect()함수를 설정하고 텍스트 값을 입력한다. 입력된 값이 텍스트 박스에 나타나며 또한 브라우저 화면의 상태 표시줄에 "이것은 스크립트 입니다."의 함수값이 나타나게 된다.

onError

onError 이벤트는 문서나 이미지를 로드 할 때 발생하는 에러를 찾아 알려주는 이벤트로서 에러 이벤트가 발생되었을 때 실행되는 이벤트이다.

예6.9) onError 이벤트사용 예

```
<img Name="lcd" src="chongdeuk.gif" align="center"
border="2" onError="showError(this)">
```

따라하기

```
ch6-6.html
<html>
<script language="javascript">
function showError(Image){
alert("에러:"+Image.Name+" 틀렸군요!")
}
</script>
<head>
<title>스크립트에 오신 것을 환영합니다.</title>
</head>
<h3> 이것은 onError에 대한 내용입니다.</h3>
<body>
<form name="lee">
<img Name="lcd" src="chongdeuk.gif" align="center" border="2"
onError="showError(this)">
</form>
</body>
</html>
```

NOTE

이 프로그램은 onError 이벤트를 알아보는 스크립트 코드이다. showError(Image)함수를 설정하고 설정된 이미지가 없으면 에러를 발생하게 된다. 이때 설정된 아미지가 없으면 alert 박스에 의해 경고 메시지가 나타난다.

6.3 Event Handler

스크립트에서 이벤트 핸들러 설정 기능은 JavaScript 4.1에서부터 도입되었으며 스크립트 태그 속성을 이용하여 설정한다. 이벤트 핸들러는 이벤트 함수를 발생시켜 이벤트 값을 전달해 주며 이벤트가 발생한 객체가 참이면 이벤트가 전달되고 거짓이면 이벤트가 전달되지 않는다.

이때 스크립트는 특정 이벤트가 발생되면 이벤트 핸들러에 스크립트 코드를 연결하여 발생한 해당 이벤트를 처리하게 된다. 이벤트 처리를 위해 이벤트 핸들러와 이벤트 함수와의 관계는 다음과 같다.

이벤트함수와 이벤트 핸들러와의 관계: 이벤트 핸들러의 이름="함수명"

예를 들어 onClick="thisfunction()"의 이벤트 함수관계는 Click 이벤트가 발생될 때 thisfunction()이라는 함수를 실행시키게 된다.

예6.10) <input type="text" **onChange**="checkfield(this)">

NOTE

여기서 checkfield(this) 는 onChange의 이벤트에 의해서 값을 변경해 주는 이벤트 함수이다.

따라하기

ch6-7.html

```
<html>
<head>
<title> 스크립트에 오신 것을 환영합니다.</title>
<center> <h3> 이것은 alert에 대한 내용입니다.</h3> </center>
</head>
<body onLoad="alert('자바스크립트')" onUnload="alert('홈페이지')">
</body>
</html>
```

NOTE

이 프로그램은 onLoad와 onUnload 이벤트의 내용을 알아보는 스크립트 코드이다. 이벤트 관계를 알아보기 위하여 두 개의 이벤트 함수 "alert('자바스크립트')"와 onUnload="alert('홈페이지')"를 설정한다. 설정된 이벤트 함수는 alert('스크립트')와 alert('홈페이지')의 이벤트를 발생하게 된다.

6.4 Event Object

이벤트 객체는 스크립트에 새롭게 추가된 객체정보로서 웹 브라우저마다 다르게 표현된다. 예를 들어 익스플로러에서는 mouseDown 이벤트의 속성을 x , y로 표시하는 반면 넷스케이프에서는 page x, page y로 표시한다.

이벤트 객체는 이벤트 종류, 이벤트 발생위치, 이벤트버튼 종류 등 이벤트에 관한 모든 정보를 제공하며 이벤트 속성에 대한 내용은 표6.2와 같다.

〈표6.2〉 이벤트 속성에 대한 내용

속성	브라우저	기능설명
type	네비게이터	이벤트의 타입을 나타내는 속성
target	네비게이터	이벤트가 전달될 객체를 나타내는 속성
layerX, layerY	네비게이터	레이어가 발생한 X, Y 좌표
X, Y	익스플로러	이벤트가 발생한 X, Y 좌표
pageX, Y	네비게이터	페이지의 위치를 알아보는 X, Y 좌표
screen X, Y	네비게이터, 익스플로러	스크린이 발생한 X, Y 좌표
client X, Y	익스플로러	클라이언트가 발생한 X, Y 좌표
srcElement	익스플로러	이벤트가 전달될 객체를 나타내는 속성
height, width	네비게이터	윈도우 또는 프레임의 높이와 너비

예6.11) document.write("페이지 위치"("+e.pageX+", "+e.pageY+")")
// 페이지의 위치X, Y를 알아보는 속성
document.write("스크린의 위치"(”+e.screenX+", "+e.screenY+")")
// 스크린의 위치X, Y를 알아보는 속성

따라하기

```
ch6-8.html
<html>
<head>
<title> 스크립트에 오신 것을 환영합니다.</title>
<h3> 이것은 이벤트 객체에 관한 내용입니다.</h3>
<script language="javascript">
<!-- 이벤트 객체 시작
function testclick(object){
alert(object.screenX+", "+object.screenY)
}
//이벤트 객체 끝-->
</script>
</head>
<body>
```

```
<a href="ch6-1.html" onclick="testclick(object)">이곳을 클릭하시오!</a>
</body>
</html>
```

NOTE

이 프로그램은 이벤트 객체의 내용을 알아보는 스크립트 코드이다. 이벤트 객체의 속성 screenX, screenY를 이용하여 이벤트가 발생할 때 스크린의 크기를 알아본다.

따라하기

```
ch6-9.html
<html>
<head>
<title> 스크립트에 오신 것을 환영합니다.</title>
<h3> 이것은 문자가 스크롤되는 기능을 알아보는 내용입니다.</h3>
<script language="javascript">
<!--
var munja=" 안녕하세요! 여러분을 자바스크립트 세계로 초대합니다."
var julsu=100
var timer_check=null
var running_check=false
var waiting_time=20
for(i=0;i<julsu;i++)
munja=""+munja
function scrollStatus(){
window.status=munja.substring(0, 99)
munja=munja.substring(1, munja.length)+munja.substring(0, 1)
timer_check=setTimeout("scrollStatus()", waiting_time)
running_check=true
}
```

```
function stopscroll(){
if(running_check)
clearTimeout(timer_check)
running_check=false
window.status=""
}
function startscroll(){
stopscroll()
scrollStatus()
}
//-->
</script>
</head>
<body bgcolor="orange" onLoad="startscroll()">
<form name="leeform">
<input type="button" value="start" onClick="startscroll()">
<input type="button" value="stop" onClick="stopscroll()">
</form>
</body>
</html>
```

NOTE

이 프로그램은 상태 바에 문자를 스크롤하는 스크립트 코드이다. 문자 스크롤 기능은 첫 번째 글자를 제일 뒤로 보내어 문자를 연속적으로 처리한다. 먼저 문자를 상태 바에 나타내기 위하여 5개의 변수를 선언한다. var munja는 상태 바에 표시할 문자열이며 julsu는 문자 앞에 놓여질 줄 수이다. var running_check는 상태 바에 스크롤 발생 여부를 나타내며 var waiting_time은 스크롤의 시간 간격을 나타낸다. for 반복문은 문자열을 연속적으로 처리하기 위해 사용되며 반복문 안에서 i=0으로 선언한 것은 오른 쪽에서 시작되는 듯한 시각적 효과를 나타내기 위한 것이다. subString ()함수는 문자열을 문자 단위로 처리하는 함수이며 scrollStatus()함수는 상태 바에 문자열을 스크롤하는 함수이다. startscroll()함수를 설정하여 스크롤을 시작하고 stopscroll()함수를 설정하여 스크롤기능을 멈추게 한다.

따라하기

ch6-10.html

```
<html>
<head>
<title> 스크립트에 오신 것을 환영합니다.</title>
<h4> 이것은 확인버튼과 취소버튼을 알아보는 내용입니다.</h4>
<script language="javascript">
<!--
function test(josa){
var check
check=confirm(josa)
if(check==true)
return "찬성"
else
return "반대"
}
//-->
</script>
</head>
<body bgcolor="orange">
<h3> 복제인간은 인류에게 좋다고 생각하십니까?</h3>
<script language="javascript">
var check1
check1=test("찬성하면 확인 버튼을, 반대하면 취소버튼을 누르시오.")
document.write("<h3> <b>"+check1+"</b> </h3>");
</script>
</body>
</html>
```

제 7 장

Scripts의 Window Object

7.1 Window object

Window 객체는 객체계층구조에서 최상위 객체를 구성하는 객치구조로서 자바스크립트의 객체들 중 가장 기본적인 객체이다.

윈도우 객체는 스크립트에서 사용되는 브라우저 윈도우를 나타내며 스크립트에서 수행되는 모든 작업들을 처리한다. 이러한 윈도우 객체는 디폴트 객체로서 명령어 코드를 작성할 때 **Window 객체** 생략이 가능하다.

예를 들어 document.write("이것은 스크립트입니다")의 문장은

원래 window.document.write("이것은 스크립트입니다")의 문장이다.

이 문장에서는 document가 window의 하위 객체이고 디폴트 객체이기 때문에 window를 생략한 것이다.

윈도우 객체는 다양한 속성과 메소드 그리고 이벤트 핸들러가 존재하며 브라우저에서 윈도우 객체의 속성 및 메소드 그리고 이벤트 핸들러를 지원하고 있다.

〈표7.1〉 windw 객체의 속성

속 성	기 능 설 명
defaultStatus	status에 지정된 문자열이 없을 때 디폴트로 나타내는 문자열 속성
frames	윈도우 객체에 들어 있는 모든 프레임들을 나타내는 속성
inner Height, width	윈도우에서 내용이 나타나는 화면의 높이와 너비
locationbar	윈도우의 locationbar를 보여줄 지를 결정하는 속성
menubar	윈도우의 메뉴를 보여줄지를 결정하는 속성
opener	open()메소드로 윈도우를 오픈시키는 속성
pageXoffset, Yoffset	윈도우에 나타나 있는Y는 현 페이지의 X,Y위치
outerHeight, Width	윈도우의 바깥 테두리의 높이와 너비
parent	윈도우 객체 계층구조에서 부모객체
personalbar	윈도우의 personalbar를 보여줄지를 결정하는 속성
scrollbars	윈도우의 스크롤 바를 보여줄지를 결정하는 속성
statusbar	윈도우의 상태 바를 결정하는 속성
tag	html 문서에서 사용되는 태그들을 나타내는 속성
toolbar	윈도우의 툴바를 결정하는 속성
top	윈도우 객체구조에서 최상위 객체를 나타내는 속성

〈표7.1〉 windw 객체의 속성(계속)

속 성	기 능 설 명
status	브라우저 상태 바에 나타나는 문자열
self	윈도우 객체자신을 나타내는 속성

예7.1)
```
document.write("innerHeight"+window.innerHeight+"<br>")
// 윈도우의 높이를 나타내는 속성
document.write("innerWidth"+window.innerWidth+"<br>")
// 윈도우의 너비를 나타내는 속성
document.write("outerHeight"+window.outerHeight+"<br>")
// 윈도우의 바깥쪽 높이를 나타내는 속성
```

특히 toolbar, statusbar, scrollbar, personalbar, menubar, locationbar는 브라우저 화면에 툴바, 스크롤바 메뉴바, 상태바 등을 보여 줄지를 결정하기 위하여 visible값을 true 또는 false로 설정해야한다.

예7.2) true, false를 이용한 visible속성
```
toolbar.visible=true
// 툴바를 화면에 보여주는 속성
scrollbar.visible=true
// 스크롤바를 화면에 보여주는 속성
menubar.visible=false
// 메뉴바를 화면에 보여주지 않는 속성
```

따라하기

ch7-1.html
```
<html>
<head>
<title> 자바스크립트에 오신 것을 환영합니다.</title>
</head>
<h3> 이것은 Window속성에 관한 내용입니다.</h3>
<body>
<script language="javascript">
```

```
<!-- 자바스크립트 속성 수행
document.write("부모객체:"+window.parant+"<br> ');
document.write("도메인의 높이:"+window.innerHeight+"<br>");
document.write("도메인의 너비:"+window.innerWidth+"<br>");
document.write("페이지X좌표:"+window.pageXOffset+"<br>");
document.write("페이지Y좌표:"+window.pageYOffset+"<br>");
// 자바스크립트 속성 끝-->
</script>
</body>
</html>
```

NOTE

이 프로그램은 윈도우 객체의 속성을 알아보는 스크립트 코드이다. 윈도우 객체의 속성을 이용하여 높이, 너비, X, Y 좌표를 계산하여 출력한다.

〈표7.2〉 window 객체의 메소드

메 소 드	기 능 설 명
open(), close()	윈도우를 열고 닫는 메소드
alert()	경고 다이얼로그 박스를 표시하는 메소드
blur()	포커스를 윈도우에 옮기는 메소드
confirm()	확인 다이얼로그 박스를 나타내는 메소드
back(), forward()	페이지의 앞, 뒤로 이동하는 주는 메소드
prompt()	프롬프트 다이얼로그 박스를 나타내는 메소드
setTimeout()	Timeout을 설정해 주는 메소드
clearTimeout	설정된 Timecut을 해제해 주는 메소드
home()	홈페이지로 이동하는 메소드
find()	윈도우 안의 텍스트를 검색하는 메소드
setInterval()	주기적으로 명령을 설정해 주는 메소드
scroll(x, y)	윈도우를 특정위치까지 스크롤 해주는 x, y 좌표
print()	윈도우의 내용을 출력시켜주는 메소드
stop()	문서전송을 중지시키는 메소드

예7.3) 윈도우 메소드를 나타내는 예

① function makeWindow(){
window.open("", "win1", "status=yes", resizable=yes")
}
// 상태바와 윈도우의 크기를 조절하는 메소드

② <body onLoad="alert('무엇을 좋아하십니까?')">
// alert 박스를 나타내는 메소드

③ function test(){
check=confirm("누구를 좋아하십니까?")
// 확인 다이얼로그 박스를 나타내는 메소드

④ var dept
dept=prompt("어떤 학과를 원하십니까?")
// 프롬프트를 나타내는 메소드

⑤ time_id=setTimeout("displayTime()", 500)
// 시간을 설정해 주는 메소드

따라하기

ch7-2.html

```
〈html〉
〈head〉
〈title〉 스크립트에 오신 것을 환영합니다.〈/title〉
〈h3〉 이것은 Window open()메소드에 관한 내용입니다.〈/h3〉
〈script language="javascript"〉
〈!-- 자바스크립트 윈도우 open()메소드 수행
function makeWindow(){
window.open("","")
}
//윈도우 open()메소드 수행끝--〉
〈/script〉
〈/head〉
〈body〉
```

```
<form>
<input type="button" value="윈도우화면" onClick="makeWindow()">
</form>
</body>
</html>
```

NOTE

이 프로그램은 윈도우 객체의 open()메소드를 알아보는 스크립트 코드이다. makeWindow()함수를 설정하여 윈도우 객체를 생성하고 오픈시킨다. 버튼 "윈도우화면"을 클릭하면 윈도우 화면을 오픈하게 된다.

따라하기

ch7-3.html

```
<html>
<head>
<title> 스크립트에 오신 것을 환영합니다.</title>
<h3> 이것은 Window open(), close()메소드에 관한 내용입니다.</h3>
<script language="javascript">
<!-- 자바스크립트 윈도우 open(), close()메소드 수행
var winobject=null
// var winobject는 전역변수
function makeWindow(){
winobject=window.open("", "", "menubar=yes")
}
function closeWindow(){
if(winobject!=null)
winobject.close()
}
//스크립트 윈도우 open(), close()메소드 수행-->
```

```
</script>
</head>
<body>
<form>
<input type="button" value="윈도우를 엽니다." onClick="makeWindow()">
<input type="button" value="윈도우를 닫습니다." onClick="closeWindow()">
</form>
</body>
</html>
```

NOTE

이 프로그램은 윈도우 객체의 open(), close()메소드를 알아보는 스크립트 코드이다. winobject를 전역변수로 선언하고 윈도우를 열고 닫는 함수를 생성한다. makeWindow()함수에 의해 윈도우를 열고 closeWindow()함수에 의해 윈도우를 닫는다 .

따라하기

ch7-4.html

```
<html>
<head>
<title> 스크립트에 오신 것을 환영합니다.</title>
<h3> 이것은 문서를 인쇄하는 메소드에 관한 내용입니다.</h3>
</head>
<script language="javascript">
</script>
<body>
<form>
문서 인쇄하기:<input type="button" value="인쇄" onClick="window.print()">
</form>
```

```
</body>
</html>
```

NOTE

이 프로그램은 문서를 인쇄하는 메소드에 관한 내용이다. 윈도우 문서를 인쇄하는 window.print()함수를 설정한다. 설정된 함수에 의해 버튼 "인쇄"를 클릭하면 인쇄 환경으로 전환된다.

따라하기

```
ch7-5.html
<html>
<head>
<title> 스크립트에 오신 것을 환영합니다.</title>
<h3> 이것은 confirm함수에 관한 내용입니다.</h3>
<script language="javascript">
<!-- confirm 함수 시작
function sijak(){
ko=confirm("좋아하는 연예인은?")
if(ko==true)
alert("핑클을 좋아한다.")
else
alert("아니다. 박찬호를 좋아한다.")
}
// confirm 함수 끝-->
</script>
</head>
<body>
<form>
알아보기::<input type="button" value="알아보기" onClick="sijak()">
```

```
</form>
</body>
</html>
```

NOTE

이 프로그램은 confirm 메소드를 알아보는 스크립트 코드이다. 확인 버튼을 알아보기 위해 ko=confirm("좋아하는 연예인은?")함수를 설정한다. ko가 참이면 확인 버튼을 클릭할 때 "핑클을 좋아한다"의 alert 박스가 출력되고 취소버튼을 클릭하면 "아니다. 박찬호를 좋아한다."의 alert 박스가 출력하게 된다. 일반적으로 confirm()함수는 사용자로부터 확인을 수행하는 다이얼로그 박스이며 "확인"버튼과 "취소"버튼이 생성된다. 따라서 confirm()함수는 선택한 내용을 수행할 것인가 아닌가를 나타내는 함수이다.

따라하기

```
ch7-6.html
<html>
<head>
<title> 스크립트에 오신 것을 환영합니다.</title>
<h3> 이것은 prompt 메소드함수에 관한 내용입니다.</h3>
</head>
<body>
<script language="javascript">
<!--
var like
var name
like=prompt("좋아하는 연예인은 누구입니까?")
if(like!==null){
name=prompt(like+"운동선수입니까?")
if(name!==null)
{
```

```
document.write(like+"를 좋아합니다")
}
}
// 함수 끝-->
</script>
</body>
</html>
```

NOTE

이 프로그램은 prompt 메소드를 알아보는 스크립트 코드이다. 이 함수는 두 개의 매개변수로 구성되어 있으며 첫 번째는 다이얼로그 박스에 나타날 문자열이고 두 번째는 입력 박스에서 출력되는 문자열이다. 문자열을 입력할 때 문자열을 입력하지 않으면 <undefined>라는 문자열이 나타난다. prompt()메소드 함수는 문자열 값만을 처리하며 정수나 실수를 처리하고자 할 때는 ParseInt() 또는 ParseFloat()를 사용한다. 즉 prompt()메소드는 사용자로부터 문자열을 입력 값으로 처리한다.

〈표7.3〉 window 객체의 이벤트 핸들러

이 벤 트 핸 들 러	기 능 설 명
onDragDrop()	객체를 드래그하여 드롭시키는 이벤트함수
onError()	에러가 발생했을 때 처리하는 이번트함수
onLoad()	문서를 로드시키는 이벤트함수
onUnload()	현재 문서를 unload시키는 이벤트함수
onMove()	윈도우를 이동하는 이벤트함수
onResize()	윈도의 크기를 바꾸어 주는 이벤트 함수

7.2 Window의 Open/Close

윈도우의 객체는 브라우저를 실행 시켜 윈도우를 열고 닫고 한다. 윈도우는 open()메소드 함수를 이용하여 윈도우를 열며 close()메소드 함수를 이용하여 윈도우를 닫는다.

open()메소드 함수는 웹브라우저에서 윈도우를 열고 새로운 URL 주소를 지정하며 open()메소드 함수를 이용하여 객체를 반환한다. 다음은 open()메소드 함수의 형식을 나타낸 것이다.

open()메소드 함수형식:

변수=open(URL, name, [options])
변수: 윈도우 객체에 할당된 변수명
URL: open 되는 문서의 URL주소
name: 윈도우와 관련된 이름
options: 윈도우의 서로 다른 특징지정

예를 들어 bo=open("http://www.yahoo".com"yahoo")의 문장은 새로운 윈도우를 열고 yahoo 홈페이지를 윈도우에 불러들인다. 그리고 윈도우를 닫을 때는 bo.close()를 사용한다.

7.3 Window Dialog

다이얼로그 박스는 윈도우객체가 제공하는 중요한 기능들로서 alert(), confirm(), prompt() 메소드 함수들이 여기에 속한다.

▶ alert()메소드 함수

이 메소드 함수는 메시지와 ok 버튼을 포함하고 있는 경고 다이얼로그 박스를 나타내는 함수로서 이 함수는 확인(ok) 버튼을 통해서 알아야 할 중요한 정보를 사용자에게 제공해 준다.

▶ **confirm()**

이 메소드 함수는 alert()메소드 함수와 유사하지만 메시지, 확인(ok) 버튼, 취소버튼이 있는 다이얼로그 박스를 생성하는 함수이다.

이 함수는 사용자의 특정동작을 확인하기 위한 함수로서 사용자가 확인 버튼을 클릭하면 참값을 반환하고 사용자가 취소버튼을 누르면 거짓을 반환한다.

▶ **prompt()**

이 메소드 함수는 사용자에게 메시지를 표시하고 텍스트 필드에 정보를 입력하는 함수로서 이름이나 URL 주소와 같은 사용자의 텍스트 정보를 입력할 때 사용한다.

confirm()메소드는 확인버튼과 취소버튼 중 하나만을 선택하는데 반해서 prompt()메소드는 현재 입력한 입력 값을 처리하여 다양한 종류의 결과를 얻어낼 때 사용된다.

따라하기

```
ch7-7.html
<html>
<head>
<title> 스크립트에 오신 것을 환영합니다.</title>
</head>
<h2> 이것은 다이얼로그박스에 관한 내용입니다.</h2>
<body>
<form>
<input type="button" value="alert"
onClick="alert('보람')">
<input type="button" value="confirm"
onClick="confirm('슬기')">
<input type="button" value="prompt"
onClick="prompt('금옥', '멋져요!')">
```

```
</form>
</body>
</html>
```

NOTE

이 프로그램은 alert, confirm, prompt 메소드를 알아보는 스크립트 코드이다. alert 버튼, confirm 버튼, prompt 3개의 버튼이 생성되며 각 버튼을 클릭하면 alert 박스, 확인, 프롬프트 박스로 전환하게 된다.

따라하기

ch7-8.html

```
<html>
<head>
<title>스크립트에 오신 것을 환영합니다.</title>
<h4> <b> 이것은 상태바에 시간을 나타내는 내용입니다.</b> </h4>
<script language="javascript">
function checkTime(){
var today=new Date()
var time="시간이 나타납니다."+today.getHours()
time+="시"+today.getMinutes()+"분"
time+=today.getSeconds()+"초"
window.status=time;
}
function showTime(){
setInterval("checkTime()", 500)
}
</script>
</head>
<body bgcolor="cyan" onLoad="showTime()">
```

```
</body>
</html>
```

따라하기

```
ch7-9.html
<html>
<head>
<title>스크립트에 오신 것을 환영합니다.</title>
<h4><b> 이것은 상태바에 blink효과를 주고 문장을 나타내는 내용입니다.</b></h4>
<script language="javascript">
var check=1;
var speed=30;
function test(){
if(check==1){
window.status="여러분을 스크립트 세계로 초대합니다.";
check=0;
}
else{
window.status="";
check=1;
}
setTimeout('test()', speed);
}
</script>
</head>
<body bgcolor="cyan" onLoad="test()">
</body>
</html>
```

제8장

Scripts의 Frame

8.1 <frameset> Tag

프레임 객체는 〈frameset〉〈/frameset〉태그를 이용하여 프레임들을 지정하며 프레임 세트 안에는 프레임들이 중첩될 수 있다.

〈frameset〉〈/frameset〉태그는 행(rows)과 열(colums)의 속성을 지원하며 이러한 행과 열의 속성은 프레임세트 안의 프레임들을 지정한다.

프레임 객체 안에는 명령어 처리 내용 또는 프레임 세트가 포함될 수 있고 브라우저 윈도우에 여러 개의 프레임들이 중첩표시 될 수 있기 때문에 frame 객체는 window 객체로 구현된다. 따라서 frame 객체의 속성과 메소드는 window객체와 같으며 frame 객체는 close()메소드 함수를 지원하지 않는다. 〈frameset〉〈/frameset〉태그를 정의하는 프레임세트 구조는 다음과 같다.

프레임세트 구조:

〈frameset rows="**프레임을 상, 하로 분할**"
　　　　　| cols="**프레임을 좌, 우로 분할**"〉
〈/frameset〉

프레임세트 구조의 〈frameset〉〈/frameset〉태그에는 여러 가지 속성을 지정하여 사용하며 rows와 cols 속성이 사용된다. 프레임세트 구조에서처럼 rows는 프레임을 상, 하(위쪽/아래쪽)으로 분할하는 속성이며 cols는 프레임을 좌, 우(왼쪽/오른쪽)으로 분할하는 속성이다.

rows와 cols 속성은 브라우저 전체화면을 몇 개의 창으로 분할 할 것인가를 결정하게 되며 이때 브라우저 화면 설정을 위해 rows, cols 속성 둘 다 사용할 수도 있고 또는 rows 나 cols 속성 한쪽만 사용할 수도 있다. 프레임의 크기는 픽셀단위(*)와 비율단위(%)로 프레임의 영역크기를 지정할 수 있으며 형식은 다음과 같다.

프레임의 형식:

〈FRAME SRC="URL"〉

[NAME="name"]
[NORESIZE]
[SCROLLING="yes 또는 no 또는 auto]
[MARGINHEIGHT="num"]
[MARGINWIDTH="num"]

1. SRC: 프레임에 들어갈 문서의 URL
2. NAME: 프레임의 이름, 다른 프레임 안에 있는 링크에서 이 프레임을 가리키고 자할 때 사용
3. NORSIZE: 프레임의 크기를 움직이지 못하도록 고정시키는 속성
4. SCROLLING: 프레임에 스크롤 바를 보여줄 것인지를 지정하는 속성으로서 yes, no, auto의 3개의 속성이 있다. yes는 스크롤 바가 나타나도록 하는 속성이며, no는 스크롤 바가 나타나지 않도록 하는 속성이고, auto는 문서의 길이가 프레임의 크기보다 클 경우 자동으로 스크롤 바를 나타나도록 하는 속성이다.
5. MARGINHEIGHT: 프레임 상하의 여백 설정(단위: 픽셀 값)
6. MARGINWIDTH: 프레임 좌우의 여백 설정(단위: 픽셀 값)

▶ **픽셀단위(*):** 이것은 브라우저화면의 상, 하 또는 좌, 우를 픽셀로 설정하고 남은 영역은 해당 프레임의 영역으로 설정하라는 의미이다.

예8.1) <frameset cols="30, *, 30>

NOTE

이것은 화면을 좌.우 3개로 분할 한 후 첫 번째 프레임에는 30픽셀을, 세 번째 프레임에 30픽셀을 설정하고 *으로 표시된 두 번째 프레임에는 남는 영역만큼 폭을 설정하라는 의미이다.

예8.2) <frameset rows="30, 30, *">

NOTE

이것은 화면을 상, 하 3개로 분할 한 후 첫 번째 프레임에는 30픽셀을, 두 번째 프레임에 30픽셀을 설정하고 *으로 표시된 3번째 프레임에는 남는 영역만큼 높이를 설정하라는 의미이다.

▶ **비율단위(%):** 이것은 브라우저 화면의 상, 하 또는 좌, 우를 백분율로 설정하고 남은 영역은 전체영역에 대한 비율로서 해당프레임을 설정하라는 의미이다.

예8.3) <frameset cols="40%, *">

NOTE

이것은 화면을 좌, 우 2개로 분할한 후 첫 번째 프레임에 너비40%를 설정하고 두 번째 프레임에는 나머지를 설정하라는 의미이다.

예8.4) <frameset rows="40%, 60%">

NOTE

이것은 화면을 상, 하 2개로 분할 한 후 첫 번째 프레임에 너비40%를 설정하고 두 번째 프레임에 60%를 설정하라는 의미이다.

```
cd1.html
<html>
<head>
<title> 이것은 왼쪽화면입니다.</title>
</head>
<body bgcolor="cyan">
<h3> 스크립트에 오신 것을 환영합니다.</h3>
</body>
</html>
```

```
cd2.html
<html>
<head>
<title> 이것은 오른쪽 화면입니다.</title>
</head>
<body bgcolor="orange">
<b>안녕하세요! 이것은 자바스크립트입니다.</b>
</body>
</html>
```

따라하기

```
cd3.html
<html>
<head>
<title> 스크립트에 오신 것을 환영합니다.</title>
</head>
<frameset cols="50%, 50%">
<frame src="cd1.html" >
<frame src="cd2.html" >
</frameset>
</html>
```

NOTE

이 프로그램은 cols 속성을 이용하여 프레임을 좌, 우로 분할하는 내용이다. 왼쪽 즉 첫 번째 프레임에는 cd1.html이 할당되며 오른쪽 즉 두 번째 프레임에는 cd2.html이 할당된다.

8.2 <Frame> Tag

〈frameset〉〈/frameset〉태그는 브라우저 화면을 여러 개로 나누어 문서를 작성할 수 있도록 제공하는 기능이다.

〈frame〉〈/frame〉태그는 〈frameset〉〈/frameset〉태그 안에 지정되며 프레임의 속성과 형식을 이용하여 문서나 이미지 등의 정보를 할당한다.

예8.5)

```
<frameset cols="40%, *">
<frame src="보기1.html">
<frame src="보기2.html">
</frameset>
```

NOTE

이것은 전체 브라우저화면을 2개로 분할한 후 첫 번째 프레임에는 보기1.html을 출력하고 두 번째 프레임에는 보기2.html을 출력하라는 의미이다. 이때 첫 번째 프레임에는 40%의 비율이 할당되고 두 번째 프레임에는 나머지가 할당되게 된다.

예8.6)

```
<frameset cols="40%, *">
<frame src="보기1.html" norsize scrolling=yes>
<frame src="보기2.html" name="안녕! 내사랑">
</frameset>
```

NOTE

이것은 전체 브라우저 화면을 2개로 분할한 후 첫 번째 프레임에는 보기1.html을 40%비율로 할당하고 사용자의 크기는 변경하지 않으며 스크롤 바를 제공한다는 의미이고 두 번째 프레임에는 보기2.html을 할당하고 프레임의 이름은 안녕! 내사랑이라는 의미이다.

따라하기

```
cd4.html
<html>
<head>
<title> 스크립트에 오신 것을 환영합니다.</title>
<head>
<frameset rows="40%, *">
<frame src="보기1.html" name="test1">
<frame src="보기2.html" name="test2">
</frameset>
</html>
```

NOTE

이 프로그램은 rows 속성을 이용하여 프레임을 상, 하로 분할하는 내용이다. 첫 번째 프레임에는 보기1.html이 할당되며 두 번째 프레임에는 보기2.html이 할당된다.

따라하기

```
보기1.html
<html>
<head>
<title> 스크립트에 오신 것을 환영합니다.</title>
<h2> 프레임구조를 알아봅시다.</h2>
<body>
목마와 숙녀<br>
지은이: 박인환<br>
한 잔의 술을 마시고<br>
우리는 버어지니아울프의 생애와<br>
```

목마를 타고 떠난〈br〉
........〈br〉
〈/body〉
〈/head〉
〈/html〉

보기2.html
〈html〉
〈head〉
〈title〉 스크립트에 오신 것을 환영합니다.〈/title〉
〈h2〉 프레임구조를 알아봅시다.〈/h2〉
〈body〉
진달래꽃〈br〉
지은이: 김소월〈br〉
나보기가 역겨워 가실 때에는〈br〉
말없이 고이 보내드리오리다.〈br〉
영변에 약산 진달래꽃〈br〉
........〈br〉
〈/body〉
〈/head〉
〈/html〉

NOTE

보기1.html과 보기2.html은 frame에 할당되는 문서이다. 보기1.html은 첫 번째 프레임에 할당되고 보기2.html은 두 번째 프레임에 할당된다.

따라하기

cd5.html

```
〈html〉
〈head〉
〈title〉 스크립트에 오신 것을 환영합니다.〈/title〉
〈/head〉
〈frameset cols="50%, 50%"〉
〈frame src="보기1.html" name="test1"〉
〈frame src="보기2.html" name="test2"〉
〈/frameset〉
〈/html〉
```

NOTE

이 프로그램은 cols 속성을 이용하여 프레임을 좌, 우로 분할하는 내용이다. 첫 번째 프레임에는 보기1.html이 할당되며 두 번째 프레임에는 보기2.html이 할당된다. 이때 좌우로 분할되는 프레임의 크기는 첫 번째 프레임에 보기1.html이 50%할당되며 두 번째 프레임에 보기2.html이 할당된다.

8.3 <noframes> Tag

〈noframe〉〈/noframe〉태그는 프레임을 사용하지 않는 프레임구조이다. 이 태그는 태그사이에 할당된 스크립트 명령어를 출력하지 않기 때문에 브라우저가 프레임을 지원하지 않거나 사용자가 프레임을 원하지 않을 경우에 사용된다. 〈noframe〉〈/noframe〉 태그 안에 할당된 정보들은 프레임을 지원하는 브라우저에는 스크립트 문서가 나타나지 않으며 프레임을 지원하지 않을 경우에는 문서가 나타나게 된다.

예8.7)

```
<html>
<head>
<title> 스크립트에 오신 것을 환영합니다.</title>
</head>
<frameset ...>
```

```
<frame src...>
<frame src...>
<frame src...>
</frameset>
<noframes>
  html 문서정보들...
</noframes>
</html>
```

이것은 웹브라우저가 프레임을 지원하지 않을 경우 〈noframe〉〈/noframe〉 태그사이에 할당된 스크립트 문서정보들을 표시해 주게 된다.

8.4 Frame Overlapping

프레임 구조는 프레임의 전체를 정의하는 부분으로서 이 프레임 안에 또 다른 프레임들을 중첩시킬 수 있다. 브라우저 화면에는 여러 개의 프레임들이 중첩될 수 있으며 프레임의 중첩구조는 〈frameset〉〈/frameset〉 태그를 이용한 중첩구조와 프레임 속에 프레임을 중첩시키는 구조 두 가지 방법이 있다.

▶〈frameset〉〈/frameset〉태그를 이용한 중첩구조

이 중첩구조는 프레임태그대신에 〈frameset〉〈/frameset〉 태그를 이용하여 프레임을 분할하는 방법이다.

따라하기

```
cd6.html
〈html〉
〈head〉
〈title〉 스크립트에 오신 것을 환영합니다.〈/title〉
〈/head〉
〈frameset cols="40%, 60%"〉
```

```
<frame src="보기1.html" name="test1">
<frameset rows="30%, 70%">
<frame src="보기2.html" name="test2">
<frame src="보기3.html" name="test3">
</frameset>
</frameset>
</html>
```

NOTE

이 프로그램은 프레임을 좌, 우로 분할하고 프레임세트 태그를 이용하여 오른쪽 프레임을 다시 상, 하로 분할하는 중첩된 프레임구조이다. 즉 좌, 우 프레임을 40%:60%로 분할 한 후 오른쪽 프레임을 다시 상, 하로 30%:70%로 분할하고 있다. 이 프레임 구조는 프레임 작성이 쉽고 이해하기 쉽다는 장점이 있지만 여러 개의 프레임을 한꺼번에 할당할 수가 없으며 프레임 당 하나씩만 할당해야 하는 단점이 있다.

따라하기

보기3.html

```
<html>
<head>
<title> 스크립트에 오신 것을 환영합니다.</title>
<h2> 프레임구조를 알아봅시다.</h2>
<body>
청포도<br>
지은이: 이육사<br>
내고장 칠월은<br>
청포도가 워어가는 시절<br>
이 마을 전설이 주절이 주절이 열리고<br>
........<br>
</body>
```

```
</head>
</html>
```

▶ 프레임 속의 프레임 중첩 구조

이 구조는 한 문서 안에 여러 프레임의 형식을 지정하는 것이 아니라 프레임 속에 들어가는 프레임 형식을 설정하여 설정된 프레임정보를 여러 개의 문서로 분할하는 방법이다.

따라하기

```
cd7.html
<html>
<head>
<title> 스크립트에 오신 것을 환영합니다.</title>
</head>
<frameset cols="40%,60%">
<frame src="보기1.html" name="test1">
<frame src="cd4.html" name="lcd">
</frameset>
</html>
```

```
cd4.html
<html>
<head>
<title> 스크립트에 오신 것을 환영합니다.</title>
<head>
<frameset rows="40%, *">
<frame src="보기1.html" name="test1">
<frame src="보기2.html" name="test2">
</frameset>
</html>
```

NOTE

이 프로그램은 프레임의 형식을 설정하는 프레임 중첩구조로서 2개의 문서는 프레임의 형식을 설정하고 3개의 문서는 프레임 속에 설정된다. 즉 전체 프레임을 좌, 우로 분할하고 cd4.html 문서를 이용하여 프레임을 좀 더 세분화한다. 이 프로그램에서 cd7.html은 프레임의 형식을 설정하는 문서이고 cd4.html은 프레임 속의 프레임을 설정하는 문서이다.

8.5 Frame Output

스크립트의 프레임은 다른 프레임의 정보를 출력할 수도 있으며 윈도우를 생성하여 새로운 정보도 가져올 수 있다. 이러한 기능은 스크립트 문서를 연결하는 앵커태그 <a> </a>를 이용한다. 앵커태그는 앵커태그로 둘러싸인 문서들을 마우스로 클릭하여 문서들을 가져오며 이때 현재 윈도우나 프레임이 아닌 다른 곳에서 문서를 볼 수 있도록 target 이라는 속성을 사용한다. target 속성은 앵커태그와 함께 사용되며 target으로 지정한 윈도우나 프레임에 결과를 가져와 볼 수 있도록 허용한다.

따라하기

```
cd8.html
<html>
<head>
<title> 스크립트에 오신 것을 환영합니다.</title>
<head>
<frameset rows="40%, *">
<frame src="cd9.html" >
<frame src="about:blank" name="lcd2">
</frameset>
</html>
```

cd9.html

```
<html>
<head>
<title> 스크립트에 오신 것을 환영합니다.</title>
</head>
<body>
<center>
<h2> 자! 통신 브라우저 여행을 떠나보시죠!</h2>
<a target="lcd2" href="http://ddanji.netsgo.com">[딴지일보]</a>
<a target="lcd2" href="http://www.lycos.co.kr">[라이코스]</a>
<a target="lcd2" href="http://www.2002worldcupkorea.org">[2002월드컵]</a>
<a target="lcd2" href="http://www.mbc.co.kr">[mbc문화방송]</a>
</center>
</body>
</html>
```

NOTE

이 프로그램은 다른 프레임에 링크정보를 보여주는 내용이다. 즉 브라우저화면을 상, 하로 분할 한 후 위쪽에는 홈페이지를 앵커태그를 이용하여 링크를 만들어 놓고 아래쪽에는 위쪽에 있는 홈페이지 링크를 클릭했을 때 링크로 연결된 홈페이지가 나타나도록 한다. cd8.html에서 문장 "about:blank"은 브라우저에 빈칸을 만드는 html의 예약어이며 cd9.html의 앵커태그 안의 target속성은 cd8.html의 name="lcd2"를 통해 속성 명이 전달된다.

html 예약어에는 about:blank 외에도 현재 링크를 포함하고 있는 프레임을 나타내는 _self, 현재 프레임을 포함하고 있는 계층적 구조를 나타내는 _parent, 프레임 설정에 관계없이 전체 윈도우를 나타내는 _top ,새로운 윈도우를 하나 만들어 놓고 링크에 연결된 문서를 출력해 주는 _blank, 그리고 새로운 윈도우를 하나 열어 놓고 계속해서 출력해 주는 _win예약어 등이 있다.

이러한 예약어들은 target 속성을 이용하여 문서를 지정할 수 있다. 예를 들어
_blank 예약어는 <a target="_blank" href="http://www.mbc.co.kr">
[mbc문화방송]</a>처럼 나타내며
_win 예약어는<a target="_win" href="http://www.mbc.co.kr">[mbc문화방송]
</a>처럼 나타낸다.

따라하기

```
cd10.html
<html>
<head>
<title> 스크립트에 오신 것을 환영합니다.</title>
</head>
<frameset rows="40%, *">
<frame src="cd11.html" >
<frame src="about:blank" name="lcd2">
</frameset>
</html>
```

```
cd11.html
<html>
<head>
<title> 스크립트에 오신 것을 환영합니다.</title>
</head>
<body>
<center>
<h2> 자! 홈페이지로 여행을 떠나보시죠!</h2>
<a target="_top" href="http://ddanji.netsgo.com">[딴지일보]</a>
<a target="_top" href="http://www.lycos.co.kr">[라이코스]</a>
<a target="_top" href="http://www.2002worldcupkorea.org">[2002월드컵]</a>
<a target="_top" href="http://www.mbc.co.kr">[mbc문화방송]</a>
</center>
</body>
</html>
```

NOTE

이 프로그램은 html 예약어 _top을 이용하여 현재 프레임 안에 있는 홈페이지 즉 [mbc 문화방송]을 클릭했을 때 프레임 구조가 사라지고 전체 윈도우에 연결된 문서가 나타나도록 하는 내용이다. 이 링크를 가리키면 상태 바에 url 주소가 나타나게 된다.

8.6 Frame Manipulation

스크립트 명령어를 효율적으로 처리하기 위해서는 프레임 형식을 지정해야 하며 지정된 형식에 따라 프레임 안에 문서가 작성된다. 프레임은 frames[0], frames[1], frames[2]처럼 프레임 객체형태로 배열을 구성하며 배열 속성.length을 통하여 배열 속에 몇 개의 프레임이 있는지를 알 수 있다. 즉 브라우저 화면에 프레임이 여러 개 분할되었을 때 브라우저가 프레임 set을 정의하는 문서를 로드하면 브라우저는 정의된 각각의 프레임들을 위해 프레임 객체를 생성한다. 그리고 브라우저는 각 프레임 객체들을 윈도우 객체의 프레임 배열에 저장하게 된다.

frame 객체는 window 객체와 구조가 동일하며 frame 객체가 제공하는 속성과 메소드 그리고 이벤트 핸들러에 의해서 처리된다.

따라하기

```
cd12.html
<html>
<head>
<title> 스크립트에 오신 것을 환영합니다.</title>
</head>
<frameset cols="30%, *">
<frame src="cd13.html">
<frame src="cd14.html">
```

```
</frameset>
</html>

cd13.html
<html>
<head>
<title> 스크립트에 오신 것을 환영합니다.</title>
</head>
<body bgcolor=yellow>
<center>
원하는 것을 입력해 보세요!
<form name="testform">
<input type="text" name="inputtext">
</form>
</center>
</body>
</html>
```

NOTE

이 프로그램은 프레임을 좌, 우로 나누어 왼쪽 프레임에는 cd13.html을 오른쪽 프레임에는 cd14.html을 지정한다. 지정된 cd13.html 문서에는 배경 색을 cyan 색으로 설정하고 텍스트를 입력하는 문서가 오게 된다.

따라하기

```
cd14.html
<html>
<head>
<title> 이것은 프로필을 작성하는 폼 내용입니다.</title>
```

```
〈/head〉
〈body bgcolor="cyan"〉
〈b〉 주소 작성란 〈/b〉〈br〉
〈hr〉
〈form action="nothing.cgi" method="post"〉
이름:〈input type="text" name="lcd1" size=15 maxlength=20〉〈br〉
주소:〈input type="text" name="lcd2" size=30 maxlength=50〉〈br〉
전화번호:〈input type="text" name="lcd3" size=15 maxlength=20〉〈br〉
패스워드:〈input type="password" name="lcd4" size=10 maxlength=5〉〈br〉
〈/form〉
〈/body〉
〈/html〉
```

따라하기

```
cd15.html
〈html〉
〈head〉
〈title〉 스크립트에 오신 것을 환영합니다.〈/title〉
〈head〉
〈frameset rows="50%, 50%"〉
〈frame src="cd13.html"〉
〈frame src="cd14.html"〉
〈/frameset〉
〈/html〉
```

따라하기

```
cd16.html
〈html〉
〈head〉
```

```
<title> 스크립트에 오신 것을 환영합니다.</title>
</head>
<frameset cols="*, *">
<frame src="cd17.html" name="lcd3">
<frame src="cd18.html">
</frameset>
</html>

cd17.html
<html>
<head>
<title> 스크립트에 오신 것을 환영합니다.</title>
<script language="javascript">
function showvalue(){
var val=parent.frames[0].document.testform.inputtext.value
alert(" 원하는 것:"+val+"입력했습니다.")
}
</script>
</head>
<body bgcolor=yellow>
<center>
<form name="testform">
<input type="text" name="inputtext">
</form>
</center>
</body>
</html>

cd18.html
<html>
```

```
<head>
<title> 스크립트에 오신 것을 환영합니다.</title>
<script language="javascript">
function check(){
parent.lcd3.showvalue()
}
</script>
</head>
<body bgcolor=yellow>
<center>
<form name="testform">
<input type="button" value="입력이 잘 되었는지요?" onClick="check()">
</form>
</center>
</body>
</html>
```

NOTE

이 프로그램은 프레임의 메소드 함수 alert()를 이용하여 다른 프레임에 입력된 내용을 알아보는 내용이다. 먼저 cd16.html 문서는 프레임을 좌, 우로 분할한 뒤에 그림에서와 같이 왼쪽 프레임에 cd17.html 문서를 출력하고 오른쪽에 cd18.html을 출력한다. cd16.html 문서의 frames[0]은 왼쪽프레임 객체 cd17.html을 출력하며 나머지 프레임은 cd18.html을 출력한다. showvalue() 함수는 document의 testform안에 있는 inputtext 값을 보여주는 함수이며 프레임 속성 document, testform, inputtext, value를 이용하여 문서를 처리한다.

제 9 장

Scripts의 Input Form

9.1 <form>

데이터 통신을 수행하기 위한 스크립트의 입력 폼은 단조로운 명령어 처리를 탈피하여 명령어 처리를 보다 생동감 있게 수행해 주는 기능으로서 CGI역할을 대신한다. CGI(Common Gateway Interface)는 서버와 클라이언트 간의 원하는 정보를 서로 주고받을 수 있도록 도와주는 인터페이스 기능으로서 방문자의 수를 확인하는 카운터, 방명록, 게시판 또는 고객의 정보를 관리하는 데이터베이스, 검색 엔진을 통한 자료 찾기 분야 등에서 폭 넓게 활용되고 있다.

CGI 작성은 일반적으로 C, C++, Visual Basic, UNIX Shell, Tcl/Tk ,Perl, Python 등과 같은 언어를 이용하여 구현한다. 구현된 CGI는 웹서버의 폼 태그를 통해서 사용자의 입력 값들을 웹서버(httpd)로 보내고 웹서버에서는 CGI 프로그램을 통해서 입력된 값들을 클라이언트로 보내게 된다.

CGI를 작성하기 위하여 스크립트는 <form> </form> 태그와 상호 작용을 하며 폼 객체를 생성하여 명령어를 처리하고 제어한다. 입력 폼 객체는 많은 종류의 그래픽 요소들 즉 버튼, 체크박스, 라디오버튼, reset과 submit 버튼, 단일라인, 다중라인, hidden, password등으로 구성되어 있다.

입력 폼 객체는 document 객체의 하위계층구조에 존재하며 document속성과 배열 document.forms[](document.forms[0], document.forms[2]...)을 통해서 수행된다.

또한 입력 폼 객체는 폼 객체의 속성과 배열을 통하여 스크립트 코드를 참조하거나 수정할 수가 있다. 그러나 폼 태그 안에는 또 다른 폼 태그가 들어갈 수 없으며 폼 객체는 폼 객체처리를 위해 속성, 메소드 그리고 이벤트 핸들러를 제공하고 있다.

<form>태그의 구조

```
<form
name="formname"
target="windowName"
action="CGI_URL"
method="get 또는 post"
enctype="encodingType 즉 mimeType"
```

[onSubmit="이벤트 핸들러"]〉
〈/form〉

〈표9.1〉 form 태그구조의 속성들

속 성	기 능 설 명
action	사용자가 입력할 데이터를 처리할 cgi 프로그램의 URL경로를 지정해주는 속성. 예를 들어 〈form action="/cgi-bin/lee.sample" method="post"〉 〈form action="nothing.cgi" method="post"〉
elements	입력 폼의 그래픽 요소들 즉 텍스트, 버튼, 체크박스, 라디오버튼, 보내기 버튼, 리셋버튼 등을 나타내는 속성
enctype	encodingType으로서 cgi 프로그램에 전송될 데이터타입을 정하는 형식
method	입력된 내용을 어떤 방식으로 전송할 것인지를 지정하는 속성. method속성에는 method="post 또는 get"중 하나의 속성이 지정된다. method="post"는 표준입력 방식으로 입력 폼이 서버에 데이터베이스화 될 때 사용되며 방명록, 게시판 등에서 주로 사용된다. method="get"는 입력 폼 내용에 대한 결과를 서버로부터 가져와서 사용자에게 직접 보여줄 때 사용되며 검색엔진의 검색결과, 방문회수를 나타내는 카운터 등에서 주로 사용된다.
name	입력 폼의 이름을 지정하는 속성
target	입력 양식의 데이터를 서버로 보낸 후 결과를 다른 윈도우에서 볼 수 있도록 지정하는 속성. 예를 들어 〈form method=post action="/cgi-bin/lee.sample" name="leeform" target="leeframe"〉

〈form〉태그의 형식

형식: 〈form name="폼의 이름" action="cgi 파일이름"
method="post 또는 get"〉...〈/form〉

예9.1) <form name="lcd" action="nothing.cgi" method="post">

NOTE

입력 폼의 이름은 "lcd"이고 action="nothing.cgi"는 입력된 내용이 파일로 전송이 되며 현재 지정된 경로가 존재하지 않고 있다는 것을 나타낸다. 그리고 method="post"는 입력된 내용을 표준 입력 방식으로 전송하고 있음을 나타낸다.

예9.2) <form name="Hongkildong" action="http://www.kkk.com /cgi-bin/guesthome.cgi" method="post">

NOTE

입력 폼의 이름은 홍길동이고
action="http://www.kkk.com/cgi-bin/guesthome.cgi"는 입력된 파일의 경로 명을 나타내며
method="post"는 입력된 내용을 표준 입력 방식으로 전송하고 있음을 나타낸다.

따라하기

```
ch9-1.html
〈html〉
〈head〉
〈title〉 스크립트에 오신 것을 환영합니다.〈/title〉
〈h3〉 이것은 자바스크립트 입력 폼에 대한 내용입니다.〈/h3〉
〈script language="javascript"〉
function showForm(){
var str
str="action 속성:"+document.leeform.action+"br"
str+="method 속성:"+document.leeform.method+"br"
str+="target 속성:"+document.leeform.target+"br"
alert(str)
}
〈/script〉
```

```
</head>
<hr>
<body>
<form name="leeform" action="nothing.cgi" method="post">
<input type="button"
 value="자바스크립트 입력 폼 내용"  onClick="showForm()">
</form>
</body>
</html>
```

NOTE

이 프로그램은 입력 폼 속성을 이용하여 스크립트의 입력 양식을 알아보는 내용이다. 여기서 showForm() 함수는 form의 속성정보를 보여주는 함수이며 form 객체는 document 하위 객체이기 때문에 document.leeform.속성 값을 이용하여 form 정보를 나타낸다. document.leeform.속성 값에서 leeform은 form의 이름이며 action 속성은 <form>태그 안의 action은 입력된 내용의 경로 명을 나타내며 target 속성은 target 속성 값을 그리고 method="post"는 정보를 표준 입력 방식으로 전송하고 있다는 것을 의미한다.

따라하기

ch9-2.html

```
<html>
<head>
<title> 스크립트에 오신 것을 환영합니다.</title>
<h3> 이것은 element속성에 대한 내용입니다.</h3>
<script language="javascript">
function checkText(){
var str // 문자열 변수선언
if(document.leeform.elements[0].value!=""){
str="입력정보:"+document.leeform.elements[0].value+"₩n"
```

```
str+="오! 맞았군요."
document.leeform.submit()
alert(str)
}
else
alert("오! 틀렸군요.")
}
</script>
</head>
<body bgcolor="cyan">
<form name="leeform" action="nothing.cgi" method="get">
입력정보:<input type="text">
<input type="button" value="입력정보 확인" onClick="checkText()">
</form>
</body>
</html>
```

NOTE

이 프로그램은 elements 속성을 이용하여 사용자가 입력한 정보를 알아보는 내용이다. checkText()함수를 이용하여 입력정보를 확인하며 정보를 입력하고 확인버튼을 클릭하면 오! 맞았군요 라는 메시지가 출력되고 정보를 입력하지 않고 확인버튼을 클릭하면 오! 틀렸군요 라는 메시지가 출력된다. elements 속성은 배열 형태로 표현되며 라디오버튼, 체크박스, 텍스트 입력양식 등의 객체가 elements 배열요소가 될 수 있다.

〈표9.2〉 form 객체의 메소드

메 소 드	기 능 설 명
reset()	입력 폼을 리셋시키는 메소드
submit()	입력된 데이터를 서버에 전송하는 메소드. 이 메소드는 이벤트를 발생하지 않고 마우스를 클릭하는 것과 같은 효과를 가져오는 메소드이다.

예9.3)
```
<input type="submit" value="보내기">
<input type="reset" value="리셋하기">
```

따라하기

ch9-3.html

```
<html>
<head>
<title> 스크립트에 오신 것을 환영합니다.</title>
<h3> 이것은 element속성 대한 내용입니다.</h3>
<script language="javascript">
function checkText(){
var str
if(document.leeform.elements[0].value!=""){
str="입력정보:"+document.leeform.elements[0].value+"₩n"
str+="오! 맞았군요."
document.leeform.submit()
alert(str)
}
else
alert("오! 틀렸군요.")
}
</script>
</head>
<body>
<form name="leeform" action="nothing.cgi" method="post">
입력정보:<input type="text">
<input type="button" value="입력정보 확인" onClick="checkText()">
</form>
</body>
</html>
```

NOTE

이 프로그램은 앞 예제의 따라하기 elements 속성을 이용한 프로그램과 같은 내용이다. 여기서 submit() 메소드 함수는 자신이 원하는 곳에서 데이터를 전송해 주는 메소드함수이다. 즉 이 함수는 이벤트를 발생하지 않고 마우스를 클릭하는 것과 같은 효과를 가져오는 메소드이다.

따라하기

```
ch9-4.html
<html>
<head>
<title> 스크립트에 오신 것을 환영합니다.</title>
</head>
<body bgcolor="cyan">
<b>개인정보 등록</b> <br>
<form action="nothing.cgi" method="post">
이 름:<input type="text" name="lee1" size=20> <br>
주 소:<input type="text" name="lee2" size=30> <br>
이메일 주소:<input type="text" name="lee3" size=30> <br>
전화번호:<input type="text" name="lee4" size=15> <br>
패스워드:<input type="password" name="lee5" size=12 maxsize=24> <br>
전공을 선택하세요.<br>
<select name="전공선택">
<option value="정보통신학과">정보통신학과
<option value="멀티미디어 정보학과">멀티미디어 정보학과
<option value="인터넷 정보처리학과">인터넷 정보처리학과
<option value="게임 정보학과">게임 정보학과
<option value="지능정보학과">지능정보학과
</select>
<input type="submit" value="보내기">
```

```
<input type="reset" value="다시쓰기">
</form>
</body>
</html>
```

NOTE

이 프로그램은 submit와 reset에 대한 내용이다. 입력 폼에서 사용되는 텍스트와 패스워드를 입력하여 정보를 처리한다. 여기서 입력된 데이터는 임시기억 장소에 저장되어 있다가 서버에 있는 CGI프로그램에 전송된다. CGI프로그램은 입력된 데이터를 가공 처리하여 클라이언트에게 원하는 정보를 다시 제공하게 된다. 이때 <input type="submit">는 CGI프로그램으로 보내는 것을 말하며 원하는 정보를 제공받기 위해서는 action 속성 변수에 프로그램의 위치와 CGI프로그램의 이름을 지정해 주어야 한다.

〈표9.3〉 form 객체의 이벤트 핸들러

이 벤 트 핸 들 러	기 능 설 명
onReset	리셋 버튼을 클릭했을 때 발생하는 이벤트핸들러
onSubmit	사용자가 데이터를 전송했을 때 발생하는 이벤트 핸들러

onReset 이벤트 핸들러는 html 문서의 <form> 태그에서 정의되며 다음과 같은 형식으로 정의 된다.

형식: <form onReset="이벤트 핸들러">

예9.4)
```
<form onReset="alert(리셋시킬 데이터를 입력하시오.)">
<input type="text" size=50><br>
<input type="reset" name="resetButton" value="리셋 데이터를 입력하시오.">
</form>
```

NOTE

이 문장은 사용자가 resetButton이라는 reset 버튼을 클릭함으로서 alert 박스에 있는 '리셋시킬 데이터를 입력하시오.'라는 메시지가 출력된다.

9.2 <input> Form

〈input〉 form은 사용자들의 입력 작업을 쉽게 할 수 있도록 도와주는 기능이다. 즉 〈input〉 태그는 텍스트입력, 체크박스, 라디오버튼, 리셋, 패스워드 등의 입력 폼을 만드는 대표적인 기능이며 입력 폼을 만드는 태그는 다음과 같다.

입력 폼 태그의 형식:

형식: 〈input type="button" name="name" value="buttonName"〉

여기서 type은 input_type, name은 버튼이름, value는 버튼에 출력된 문자열이다.

예9.5) <input type="button" name="lcdbutton" value="여기를 보세요!">

이 문장은 입력형식은 button, 버튼이름은 lcdbutton, 버튼value는 "여기를 보세요!"라는 값을 나타낸다.

입력 폼 태그 형식의 input type="속성"에서 type="속성"은 브라우저에 나타나는 입력 폼을 설정해주며 input type의 속성형식은 표9.4와 같다.

〈표9.4〉 input type 속성

type 속 성	기 능 설 명
button	버튼입력 폼 〈input type="button"〉
checkbox	체크박스 〈input type="checkbox"〉
hidden	감추어진 입력 폼 〈input type="hidden"〉
password	패스워드를 입력하는 폼 〈input type="password"〉
radio	라디오 버튼 〈input type="radio"〉
reset	리셋버튼 〈input type="reset"〉
select	선택 리스트 버튼 (〈select〉〈option〉 선택1 〈/option〉 〈option〉선탁2〈/option〉...)
submit	데이터 전송버튼 〈input type="submit"〉
text	텍스트 입력 폼 박스 〈input type="text"〉
textarea	텍스트를 입력하는 텍스트 영역 〈textarea〉 여러 줄의 텍스트 입력〈/textarea〉

또한 <input> 태그가 제공하는 속성으로는 입력 폼을 설정하는 type과 입력 폼의 이름을 설정하는 name 두 가지가 있으며 메소드에는 click() 함수가 있고 이벤트 핸들러에는 onClick 이벤트 핸들러가 있다.

따라하기

```
ch9-5.html
<html>
<head>
<title> 스크립트에 오신 것을 환영합니다.</title>
<h3> 이것은 input type에 대한 내용입니다.</h3>
<script language="javascript">
function calculate(form){
form.results.value=eval(form.entry.value);
}
</script>
</head>
<body bgcolor="cyan">
<form method="post">
계산할 값을 입력해 보세요!
<input type="text" name="entry" value=" "> <br>
결과: <input type=text name="results"
onFocus="this.blur();"> <br>
<input type="button" value="계산결과 확인" onClick()="calculate(this.form);">
</form>
</body>
</html>
```

NOTE

이 프로그램은 버튼을 클릭 했을 때 입력된 값의 결과를 보여주는 내용이다. onClick 이벤트 핸들러를 이용하여 버튼을 클릭 했을 때 여러 가지 값을 처리한다. calculate(form) 함수는 입력값을 계산해 주는 함수이며 onFocus 이벤트 핸들러는 focus를 체크하여 텍스트 박스를 활성화시키는 이벤트 핸들러이다.

따라하기

ch9-6.html

```
<html>
<head>
<title> 스크립트에 오신 것을 환영합니다.</title>
</head>
<body bgcolor="cyan">
<b>개인정보 등록</b> <br>
<form action="nothing.cgi" method="post">
이 름:<input type="text" name="lee1" size=20> <br>
주 소:<input type="text" name="lee2" size=30> <br>
이메일 주소:<input type="text" name="lee3" size=30> <br>
전화번호:<input type="text" name="lee4" size=15> <br>
패스워드:<input type="password" name="lee5" size=12 maxsize=24> <br>
</form>
</body>
</html>
```

NOTE

이 프로그램은 입력 폼 input을 알아보는 내용이다. input type에 text와 password를 사용하여 정보를 처리하고 있다. 일반적으로 문자는 바이트(Byte)단위로 나타내며 영문자는 1바이트, 한글은 2바이트로 처리된다. 예를 들어 size=20은 영문자나 숫자로 20자를 입력할 수 있으며 한글은 2바이트이므로 10자까지 입력할 수 있는 길이의 입력 창이 나타난다. 그리고 패스워드는 입력 값이 문자나 숫자로 나타나지 않고 **로 나타난다.

9.3 Text Form

텍스트 객체는 웹 사용자가 텍스트를 입력할 때 사용하는 기능이다. 즉 사용자로부터 데이터를 입력받거나 사용자에게 데이터를 출력해주는 기능으로서 <input type="text"> 태그를 사용하여 text 객체를 생성한다. <input> 태그를 사용하여 텍스트박스를 생성하는 텍스트 입력 폼의 구조는 다음과 같다.

text 객체의 구조:

```
<input
type="text"
name="textname"
[value="textvalue"]
size=integer
[onBlur="이벤트핸들러"]
[onChange="이벤트핸들러"]
[onFocus="이벤트핸들러"]
[onSelect="이벤트핸들러"]>
```

형식: <input type="text" name="텍스트 객체의 이름"
value="텍스트 객체의 버튼 이름">

예9.6) <input type="text" name="dept" size=30 value="게임정보학과">

NOTE

이 문장은 type은 "text"로 설정되어 있으며 text 이름은 dept이고 텍스트박스에서 브라우저에 표시되는 문자열의 길이는 30이며 텍스트박스에 표시되는 값은 게임정보학과라는 의미이다.

이러한 텍스트 박스를 처리하기 위해 텍스트객체가 제공하는 속성과 메소드 그리고 이벤트 핸들러는 다음과 같다.

〈표9.5〉 text 객체의 속성

속 성	기 능 설 명
defaultValue	〈input〉태그에 디폴트로 입력해준 값
name	텍스트 입력 폼에 지정해 주는 텍스트이름, 즉 name="dept"
type	type에 입력하는 값 즉 type="text"
value	텍스트 value에 입력하는 입력 문자열 즉 value="이슬기"

따라하기

```
ch9-7.html
〈html〉
〈head〉
〈title〉 스크립트에 오신 것을 환영합니다.〈/title〉
〈h3〉 이것은 text속성에 대한 내용입니다.〈/h3〉
〈script language="javascript"〉
function makeUpper(form){
var str=form.input.value
form.input.value=str.toUpperCase()
}
```

```
</script>
</head>
<body bgcolor="orange">
<form name="leeform1">
첫 번째 입력정보:<input type="text" name="input" value="대, 소문자변환"
onchange="makeUpper(this.form)">
</form>
<form name="leeform2">
두번째 입력정보:<input type="text" name="input" value="대, 소문자변환"
onchange="makeUpper(this.form)">
</form>
</body>
</html>
```

NOTE

이 프로그램은 텍스트 속성을 이용하여 영어의 알파벳 대.소 문자를 변환해 주는 내용이다. 먼저 두 개의 입력form을 만들고 입력양식에 따라 입력된 데이터를 onChange 이벤트 핸들러와 makeUpper() 함수를 이용하여 텍스트 입력 폼에 있는 텍스트 값을 변환시킨다.

따라하기

ch9-8.html

```
<html>
<head>
<title> 스크립트에 오신 것을 환영합니다.</title>
<h3> 이것은 text속성에 대한 내용입니다.</h3>
<script language="javascript">
function echo(form, currentfield){
if(currentfield=="first")
```

```
form.second.value=form.first.value;
else
form.first.value=form.second.value;
}
</script>
</head>
<body bgcolor="cyan">
<form>
첫 번째 입력정보: <input type="text" name="first"
onchange="echo(this.form,this.name);"> <br>
두 번째 입력정보: <input type="text" name="second"
onchange="echo(this.form,this.name);">
</form>
</body>
</html>
```

NOTE

이 프로그램은 입력된 내용이 다른 텍스트 입력박스에 자동으로 재입력되도록 설정해 주는 내용이다. 먼저 echo(form, currentfield)함수는 첫 번째 입력 필드에서 입력을 한 후 두 번째 필드에 자동으로 입력된 내용을 전달한다.

그리고 난 후 onChange 이벤트 핸들러에 의해 echo(this.form,this.name)의 값이 재입력되도록 하게 한다.

〈표9.6〉 text 객체의 메소드

메 소 드	기 능 설 명
blur()	입력된 텍스트 값에서 커서를 제거해 주는 메소드
focus()	입력된 텍스트 값에 커서를 넣어 주는 메소드
select()	입력된 텍스트값을 선택해 주는 메소드

따라하기

```
ch9-9.html
<html>
<head>
<title> 스크립트에 오신 것을 환영합니다.</title>
<h3> 이것은 text메소드에 대한 내용입니다.</h3>
<script language="javascript">
function showValue(form){
var ans=form.input.value;
if(ans==""){
alert("입력해보세요!")
form.input.focus()
}
else{
alert("오! 틀렸군요.")
form.input.focus()
form.input.select()
}
}
</script>
</head>
<body bgcolor="yellow">
무엇을 전공하고 싶습니까?<br>
1)컴퓨터정보통신 2)영상정보 3)게임정보 4)지능정보<br>
<form name="leeform">
전공학과:<input type="text" name="input">
<input type="button" value="전공확인"
onClick="showValue(this.form)"> <br>
</form>
```

```
</body>
</html>
```

NOTE

이 프로그램은 focus()와 select() 메소드 함수를 이용하여 사용자가 잘못 입력한 값을 선택할 수 있도록 해주는 내용이다. 여기서 select()메소드 함수는 사용자가 입력을 잘못 한 경우에 잘못된 내용을 알려주는 함수이다.

〈표9.7〉 text 객체의 이벤트 핸들러

이벤트 핸들러	기 능 설 명
onBlur	텍스트 필드 안에서 커서가 빠져나가는 이벤트 핸들러
onChange	텍스트 필드에 있는 텍스트 값을 바꾸어 주는 0 벤트 핸들러
oFocus	텍스트 필드 안에 커서를 넣는 이벤트 핸들러
onSelect	텍스트 박스에 있는 텍스트를 선택했을 때 실행되는 이벤트 핸들러

따라하기

```
ch9-10.html
<html>
<head>
<title> 스크립트에 오신 것을 환영합니다.</title>
<h3> 이것은 text이벤트 핸들러에 대한 내용입니다.</h3>
<script language="javascript">
function showProfile(str){
window.profile=str;
}
</script>
</head>
```

```
<body bgcolor="cyan">
<form name="leeform">
당신의 이름은: <input type="text" onFocus="showProfile('이름입력')";> <br>
당신의 나이는: <input type="text" onFocus="showProfile('나이입력')";> <br>
당신의 주소는: <input type="text" size=50 onFocus="showProfile('주소입력
')";> <br>
</form>
</body>
</html>
```

NOTE

이 프로그램은 onFocus 이벤트 핸들러를 이용하여 현재 입력 텍스트 필드의 설명을 하단의 상태바에 나타내는 내용이다. 하단의 상태바에 텍스트 필드 설명 '주소입력'이란 내용이 나타난다.

9.4 Textarea Form

텍스트영역(Textarea)은 텍스트 객체와 비슷한 기능으로서 사용자로부터 여러 줄의 텍스트를 입력하여 사용자에게 여러 줄의 텍스트데이터를 출력해 주는 기능이다. 텍스트영역과 텍스트와의 차이점은 텍스트영역은 <textarea> 태그를 이용하여 텍스트입력양식을 나타내며 텍스트는 <input> 태그를 이용하여 텍스트입력양식을 나타낸다는 점이다. 또한 텍스트영역은 여러 줄의 텍스트데이터의 입력이 가능하지만 텍스트는 오직 한 줄 텍스트만 입력이 가능하다. 이러한 텍스트영역을 나타내는 html의 <textarea> 태그의 구조는 다음과 같다.

<textarea>태그의 구조

```
<textarea>
```

name="textareaName"
rows="integer" 즉 높이
cols="integer" 즉 너비
wrap="off" 또는 "virtual" 또는 "physical"
[onBlur="이벤트핸들러"]
[onChange="이벤트핸들러"]
[onFocus="이벤트핸들러"]
[onSelect="이벤트핸들러"]>
textToDisplay
</textarea>

여기서 name="textareaName"은 텍스트 영역의 이름이며
rows="integer"는 텍스트영역의 세로(즉 높이)
cols="integer"는 텍스트영역의 세로(즉 너비)
wrap="off" 또는 "virtual" 또는 "physical"은 줄 바꿈 표시
onBlur="이벤트핸들러"는 입력필드에서 커서가 빠져나갔을 때를 나타내는 이벤트핸들러
onChange="이벤트핸들러"는 텍스트입력 필드의 값을 변경했을 때 나타나는 이벤트 핸들러
onFocus="이벤트핸들러"는 입력필드 안으로 커서가 들어왔을 때 나타내는 이벤트 핸들러
onSelect="이벤트핸들러"는 텍스트영역 안에 있는 텍스트를 클릭하거나 선택하는 이벤트 핸들러

형식: <textarea name="텍스트영역 이름"
cols=가로크기 lows=세로 높이>...</textarea>

예9.7)
```
<textarea name="lcd" rows=20 cols=20>
        이것은 스크립트입니다.
</textarea>
```

NOTE

이 문장에서 텍스트영역의 이름은 lcd이며 세로크기는 20칸이고 가로크기는 20 줄 그리고 텍스트영역에는 "이것은 스크립트입니다."라는 텍스트데이터가 출력된다.

따라하기

```
ch9-11.html
<html>
<head>
<title> 스크립트에 오신 것을 환영합니다.</title>
<h3> 이것은 textarea에 대한 내용입니다.</h3>
</head>
<body bgcolor="cyan">
<b> 신청을 받습니다.</b> <br>
<hr>
<form action="nothing.cgi" method="post">
이 름:<input type="text" name="lee1" size=20 maxlength=40> <br>
주 소:<input type="text" name="lee2" size=30 maxlength=50> <br>
이메일 주소:<input type="text" name="lee3" size=30> <br>
전화번호:<input type="text" name="lee4" size=15> <br>
패스워드:<input type="password" name="lee5" size=12 maxsize=24> <br>
<제품에 대한 의견을 듣습니다> <br>
<texta
rea name="aaa" cols=50 rows=30>
</textarea> <br>
<input type="submit" value="보내기">
<input type="reset" value="다시쓰기">
</form>
</body>
```

```
</html>
</textarea>
```

NOTE

이 프로그램은 textarea를 알아보는 내용이다. 이 문장에서 텍스트영역의 이름은 aaa이며 가로크기는 50이고 세로높이를 30으로 설정한다. 설정된 텍스트 영역에 문자를 입력하여 작성한다.

스크립트에서 텍스트영역을 위해 제공되는 텍스트객체의 속성과 메소드는 다음과 같다.

〈표9.8〉 textarea 객체의 속성

속 성	기 능 설 명
name	텍스트영역의 이름
defaultvalue	<textarea> </textarea>사이에 입력되는 텍스트
value	텍스트영역에 입력하는 입력값 즉 value="이슬기, 이보람"

따라하기

```
ch9-12.html
<html>
<head>
<title> 스크립트에 오신 것을 환영합니다.</title>
<h3> 이것은 textarea에 대한 내용입니다.</h3>
<script language="javascript">
function check(form){
alert(form.memo.value)
}
</script>
</head>
```

```
<body bgcolor="cyan">
<b> 메모장 </b>
<form name="leeform">
보내는 사람:<input type="text" name="bbb1" size=15> <br>
받는 사람:<input type="text" name="ccc" size=15> <br>
주소:<input type="text" name="ddd" size=30> <br>
<textarea name="memo" cols=50 rows=30>
사랑하는 사람에게 메모를 남기세요.
</textarea> <br>
<input type="button" value="ok" onClick="check(this.form)">
</form>
</body>
</html>
```

NOTE

이 프로그램은 textarea를 이용하여 사용자가 입력한 텍스트를 알아보는 내용이다. alert(form.memo.value)를 이용하여 사용자가 입력한 텍스트를 알아보며 가로와 세로를 cols=50 rows=30으로 설정하여 메모장의 크기를 지정한다. textarea는 줄, 칸의 크기와 관계없이 스크롤 바가 나타난다.

〈표9.9〉 textarea 객체의 메소드

메 소 드	이 벤 트 핸 들 러
blur()	텍스트영역 안에 있는 커서를 빠져나가는 메소드
focus()	텍스트영역 안에 커서를 나타내는 메소드
select()	텍스트영역 안의 텍스트를 선택하는 메소드

9.5 Password Form

password 객체는 암호를 설정할 때 사용하는 기능이다. 암호는 보안상의 이유로 인하여 다른 사람에게 노출되어서는 안 되며 암호를 입력할 때 입력된 문자들은 나타나지 않는다. 단지 입력된 문자들은 ***의 글자로 다른 사람들이 알아보지 못하도록 한다. 이러한 암호 설정을 위한 password 객체의 구조는 다음과 같다.

password 객체의 구조:

〈input type="password"
name="name"
[value="value"]
[size="integer"]〉

형식: 〈input type="password" name="패스워드 변수이름"
size=패스명의 길이〉

예9.8) <input type="password" name="lcd" value="패스워드">

NOTE

이 문장에서 input type은 password이고 패스워드 이름은 lcd이며 패스워드를 나타내는 문자열 값은 "패스워드"이다.

따라하기

ch9-12.html
〈html〉
〈head〉
〈title〉 스크립트에 오신 것을 환영합니다.〈/title〉
〈h3〉 이것은 password에 대한 내용입니다.〈/h3〉

```
</head>
<body bgcolor="orange">
자기소개서<br>
<hr>
<form action="nothing.cgi" method="post">
이름:<input type="text" name="kkk" size=20> <br>
주소:<input type="text" name="ppp" size=40> <br>
나이:<input type="text" name="ttt" size=5> <br>
전화번호:<input type="text" name="lee" size=15> <br>
password:<input type="password" name="lee1" size=10> <br>
</form>
</body>
</html>
```

NOTE

이 프로그램은 password를 알아보는 내용이다. input="password"를 설정하고 password의 길이를 10으로 설정한다.

스크립트에서 암호를 설정하기 위해 제공되는 password 객체의 속성과 메소드는 다음과 같다.

〈표9.10〉 password 객체의 속성

속 성	기 능 설 명
defaultvalue	최초로 설정된 문자열 값
name	암호의 이름
value	암호명을 위해 사용되는 문자열 값

따라하기

ch9-14.html

```
<html>
<head>
<title> 스크립트에 오신 것을 환영합니다.</title>
<h3> 이것은 password에 대한 내용입니다.</h3>
<script language="javascript">
function check(pswd){
alert(pswd.value)
}
</script>
</head>
<body bgcolor="orange">
 password <br>
<form name="leeform">
이름:<input type="text" name="kkk" size=20> <br>
주소:<input type="text" name="ppp" size=40> <br>
<input type="password" name="lcd" value="">
<input type="button" name="leesulki" value="암호명"
onClick="check(document.form.secret)"> <br>
<input type="submit" name="pass1" value="암호명을 쓰세요">
</form>
</body>
</html>
```

NOTE

이 프로그램은 암호를 알아보는 내용이다. function check(pswc)함수는 버튼객체의 onClick 이벤트핸들러를 이용하여 사용자가 입력한 암호명을 호출한다.

〈표9.11〉 password 객체의 메소드

메 소 드	기 능 설 명
blur()	암호 입력 필드에서 커서를 빠져나가기 위한 메소드
focus()	암호 입력필드에 커서를 삽입하기 위한 메소드
select()	암호를 작성한 문자열을 선택하는 메소드

9.6 Hidden Form

hidden 객체는 사용자가 브라우저를 통하여 데이터를 볼 수 없도록 감추는 기능이다. 감추기 기능은 사용자의 버전번호와 플랫폼, 한글/영어 데이터, 국가코드 등을 숨겨서 폼이 제출되었을 때만 정보들을 볼 수 있도록 허용하는 기능이다. 감추기 객체는 html에서 해당 폼이 서버에 전송될 때 전송될 값들을 일시적으로 저장하며 폼에 포함되지 않은 내용은 서버에 전송되지 않기 때문에 사용자에게는 보이지 않는다. 이러한 감추기 설정을 위한 hidden 객체의 구조는 다음과 같다.

hidden 객체의 구조:

```
〈input type="hidden"
 name="name"
 [value="value"]〉
```

형식: 〈input type="hidden" name="숨기기의 변수이름"
value="숨기기의 문자열 값"〉

예9.9) <input type="hidden" name="lcd" value="문장을 감추시오">

NOTE

이 문장은 영어로 작성된 html 문서를 감추는 내용이다. input type은 hidden이고 감추기 이름은 lcd이며 감추기를 위한 문자열 값은 "문장을 감추시오"이다. 스크립트에서 감추기를 설정하기 위해 제공되는 hidden 객체의 속성은 다음과 같다.

〈표9.12〉 hidden 객체의 속성

속　　성	기 능　　설 명
name	감추기를 정의하는 이름
type	input type에서 지정되는 type 값
value	감추기를 위해 사용되는 문자열 값

따라하기

ch9-15.html

```
<html>
<head>
<title> 스크립트에 오신 것을 환영합니다.</title>
<h3> 이것은 hidden에 대한 내용입니다.</h3>
</head>
<body bgcolor="cyan">
숨기기<br>
<form name="leeform">
<input type="hidden" name="boram" value="">
<input type="submit" name="seulki" value="감추기">
</form>
</script>
</body>
</html>
```

NOTE

이 프로그램은 감추기의 내용을 알아보는 내용이다. input type="hidden"으로 설정하고 hidden의 이름은 boram으로 설정한다.

9.7 Button Form

button 객체는 버튼입력 폼을 만드는 기능이다. 이 객체는 입력 폼을 만드는 가장 일반적인 객체로서 사용자가 버튼을 클릭할 때 또는 버튼객체의 Click()메소드 함수를 실행할 때 버튼 객체가 호출된다. 버튼설정을 위한 button 객체의 구조는 다음과 같다.

button 객체의 구조:

〈input type="button"
name="name"
value="value"
[onClick="이벤트핸들러"]〉

형식: 〈input type="button" name="버튼의 이름"
value="설정할 버튼 이름"〉

예9.10) <input type="button" name="lcd" value="버튼을 클릭하시오">

NOTE

이 문장에서 input type은 button이고 버튼이름은 lcd이며 버튼을 나타내는 문자열 값은 "버튼을 클릭하시오"를 나타낸다.

스크립트에서 버튼을 설정하기 위해 제공되는 button 객체의 속성은 다음과 같다.

〈표9.13〉 button 객체의 속성

속 성	기 능 설 명
name	버튼을 정의하는 이름
type	input type에서 지정되는 type 값
value	버튼을 위해 사용되는 문자열 값

따라하기

ch9-16.html

```
<html>
<head>
<title> 스크립트에 오신 것을 환영합니다.</title>
<h3> 이것은 button에 대한 내용입니다.</h3>
<script language="javascript">
function buttonClick(button){
window.status=button.name+"버튼 클릭하기"
button.value="버튼 누르기"
}
</script>
</head>
<body bgcolor="cyan">
<form name="leeform">
<input type="button" name="boram" value="이곳을 누르시오"
onClick="buttonClick(this)"> <br>
<input type="button" name="seulki" value="여기도 누르시오"
onClick="buttonClick(this)">
</form>
</script>
</body>
</html>
```

NOTE

이 프로그램은 버튼을 알아보는 내용이다. 여기서는 "이곳을 누르시오" "여기도 누르시오"라는 두 개의 버튼을 정의하며 button 객체의 onClick 이벤트 핸들러를 사용하여 buttonClick(button)함수를 호출한다. 또한 button 객체의 name 속성을 이용하여 클릭된 버튼의 이름을 상태 바에 나타내고 value 속성을 이용하여 버튼위에 표시된 텍스트를 "버튼누르기"로 전환한다. 이때 "이곳을 누르시오"라는 버튼을 클릭하면 상태 바에 "보람 버튼 클릭하기"라는 속성 이름이 나타나게 된다.

따라하기

```
ch9-17.html
<html>
<head>
<title> 스크립트에 오신 것을 환영합니다.</title>
<h3> 이것은 button에 대한 내용입니다.</h3>
<script language="javascript">
function pushButton(str){
alert(str);
}
</script>
</head>
<body bgcolor="cyan">
<form name="leeform">
<input type="button" name="lee" value="1번 버튼"
onClick="pushButton('여기는 1번 버튼입니다.')"> <br>
<input type="button" name="lee1" value="2번 버튼"
onClick="pushButton('여기는 2번 버튼입니다.')">
</form>
</body>
</html>
```

NOTE

이 프로그램은 버튼을 알아보는 내용이다. 여기서는 버튼을 만들어 놓고 버튼을 클릭했을 때 어떤 버튼을 클릭 했는지를 알려주는 내용이다. "1번 버튼" "2번 버튼" 두 개의 버튼을 정의하며 button 객체의 onClick 이벤트 핸들러를 사용하여 pushButton('str')함수를 호출한다.

9.8 Submit Form

submit 객체는 사용자가 입력한 데이터들을 서버로 전송하는 역할을 한다. 전송(submit)버튼은 주로 리셋버튼과 함께 사용되며 이 버튼은 CGI에서 사용되는 정보가 아니기 때문에 name 속성은 생략이 가능하다. 전송버튼설정을 위한 submit 객체의 구조는 다음과 같다.

submit 객체의 구조:

```
〈input type="submit"
 name="name"
 value="value"
 [onClick="이벤트핸들러"]〉
```

형식: 〈input type="submit" value="사용될 버튼 이름'〉

예9.11) <input type="submit" value="정보보내기">

NOTE

이 문장에서 input type은 submit이고 submit 이름은 생략되었으며 submit버튼을 나타내는 문자열 값은 "정보보내기"이다. 스크립트에서 submit버튼을 설정하기 위해 제공되는 submit 객체의 속성과 메소드는 다음과 같다.

〈표9.14〉 submit 객체의 속성

속 성	기 능 설 명
name	전송버튼을 정의하기 사용되는 이름
type	input type에서 지정되는 type 값 즉 type="submit"
value	버튼을 위해 사용되는 문자열 값

따라하기

ch9-18.html

```
<html>
<head>
<title> 스크립트에 오신 것을 환영합니다.</title>
</head>
<h3> 이것은 submit에 대한 내용입니다.</h3>
<body bgcolor="orange">
<form name="leeform" action="nothing.cgi" method="post">
이름:<input type="text" name="lcd" size=30> <br>
연락처:<input type="text" name="lcd1" size=30> <br>
주소:<input type="text" name="lcd2" size=40> <br>
<input type="submit" name="boram" value="보내기"
onClick="return confirm('정보전송:'+document.leeform.action)">
<input type="reset" name="seulki" value="다시쓰기">
</form>
</body>
</html>
```

NOTE

이 프로그램은 submit를 이용하여 정보보내기 버튼을 클릭했을 때 입력된 정보를 알아보는 내용이다. submit 객체의 onClick 이벤트 핸들러를 이용하여 입력된 정보를 보낼 것인지를 사용자로부터 확인하며 확인 작업은 윈도우 객체의 confirm()함수를 이용한다. 확인된 결과를 보낼 것인지 아니면 작업을 취소할 것인지는 return 명령을 이용하며 이후 confirm()함수의 결과를 브라우저에게 전달한다.

〈표9.15〉 submit 객체의 메소드

메 소 드	기 능 설 명
click()	입력된 데이터의 보내기 버튼을 실행하는 메소드

9.9 Reset Form

reset 객체는 스크립트에서 제공하는 리셋버튼을 위한 기능이다. 이 객체는 사용자가 입력한 정보를 다시 입력시키고자 할 때 사용되며 사용자가 리셋버튼을 클릭했을 때 결과가 실행된다.

리셋설정을 위한 reset 객체의 구조는 다음과 같다.

reset 객체의 구조:

```
<input type="reset"
 name="name"
 value="value"
 [onClick="이벤트핸들러"]>
```

형식: 〈input type="reset" value="사용될 버튼이름"〉

예9.12) <input type="reset" value="정보를 리셋시키기">

NOTE

이 문장에서 input type은 reset이고 reset 이름은 생략되었으며 reset버튼을 나타내는 문자열 값은 "정보를 리셋시키기"이다. 스크립트에서 reset버튼을 설정하기 위해 제공되는 reset 객체의 속성과 메소드는 다음과 같다.

〈표9.16〉 reset 객체의 속성

속 성	기 능 설 명
name	리셋버튼을 정의하기 사용되는 이름
type	input type에서 지정되는 type 값 즉 type="reset"
value	리셋버튼을 위해 사용되는 문자열 값

따라하기

```
ch9-19.html
<html>
<head>
<title> 스크립트에 오신 것을 환영합니다.</title>
<h3> 이것은 reset에 대한 내용입니다.</h3>
<script language="javascript">
function resetForm(str){
alert(str);
}
</script>
</head>
<body bgcolor="orange">
<form action="nothing.cgi" method="post">
이름:<input type="text" name="lcd1" size=15> <br>
주소:<input type="text" name="lcd2" size=30> <br>
```

```
<input type="reset" value="다시 쓰기" onClick="resetForm('다시 보내십시오')">
</form>
</body>
</html>
```

NOTE

이 프로그램은 사용자가 리셋 버튼을 클릭했을 때 onClick 이벤트핸들러의 내용을 알아보는 스크립트 코드이다.

〈표9.17〉 reset 객체의 메소드

메 소 드	기 능 설 명
click()	입력된 데이터의 리셋 버튼을 실행하는 메소드

9.10 Checkbox Form

checkbox 객체는 특정리스트를 나열하고 특정리스트를 선택할 때 사용되는 기능이다. 체크박스 객체는 한 개의 리스트만 선택하는 것이 아니라 여터 개의 리스트를 선택할 수 있으며 체크박스는 독립적으로 수행된다. 치크박스설정을 위한 checkbox 객체의 구조는 다음과 같다.

checkbox 객체의 구조:

```
<input type="checkbox"
 name="name"
 value="value"
 [checked]
```

[onClick="이벤트핸들러"]> 체크박스에 나타나는 문자열

형식: <input type="checkbox" name="체크박스의 이름"
value="체크박스에서 체크되는 제어 값" checked>

예9.13) <input type="checkbox" name="영상정보" value="영상정보학과"> 영상정보학과

NOTE

이 문장에서 input type은 checkbox이고 체크박스의 이름은 "영상정보", 체크박스의 value 값은 "영상정보학과"이다. 여기서 value는 서버의 CGI프로그램으로 전송되는 실제 정보이며 check 박스의 속성 checked는 체크박스를 미리 체크상태로 만드는 속성이다.

스크립트에서 체크박스버튼을 설정하기 위해 제공되는 checkbox 객체의 속성과 메소드는 다음과 같다.

〈표9.18〉 checkbox 객체의 속성

속　성	기　능　설　명
defaultChecked	체크박스 값을 디폴트로 입력해준 값
checked	체크박스가 체크되었는지를 확인
name	체크박스 입력 폼에 지정해 주는 체크박스이름, 즉 name="dept"
type	input type에 입력하는 값 즉 type="checkbox"
value	체크박스 value에 입력하는 입력 문자열값 즉 value="영상정보학과"

따라하기

```
ch9-20.html
<html>
<head>
<title> 스크립트에 오신 것을 환영합니다.</title>
```

```
〈h3〉 이것은 checkbox에 대한 내용입니다.〈/h3〉
〈/head〉
〈body bgcolor="cyan"〉
〈form action="nothing.cgi"〉
학과 선택:〈input type="text" name="boram" size=20〉〈p〉
선택할 학과〈br〉
〈li〉〈input type="checkbox" name="com" value="컴퓨터정보통신"〉컴퓨터정보통신
〈li〉〈input type="checkbox" name="mul" value="멀티미디어정보"〉멀티미디어정보
〈li〉〈input type="checkbox" name="gam" value='게임정보"〉게임정보
〈li〉〈input type="checkbox" name="int" value="인터넷정보"〉인터넷정보
〈/form〉
〈/body〉
〈/html〉
```

NOTE

이 프로그램은 사용자가 원하는 정보를 체크하는 내용이다. 체크박스 입력폼은 〈input〉태그의 type 속성을 "checkbox"로 설정하였으며 입력 폼에서 입력된 정보의 체크박스는 체크상태와 처크되지 않은 상태 2가지이다. 입력된 정보의 체크박스에 체크를 하면 해당정보가 선택되게 된다.

따라하기

```
ch9-21.html
〈html〉
〈head〉
〈title〉 스크립트에 오신 것을 환영합니다.〈/title〉
〈h3〉 이것은 checkbox에 대한 내용입니다.〈/h3〉
〈/head〉
〈body bgcolor="cyan"〉
〈form action="nothing.cgi"〉
```

```
대학 선택: <input type="text" name="boram" size=20> <p>
원하는 대학을 선택하시오<br>
<hr>
가군 대학교<br>
<li> <input type="checkbox" name="가" value="한국대학교"> 한국대학교
<li> <input type="checkbox" name="가" value="문화대학교"> 문화대학교
<li> <input type="checkbox" name="gam" value="무궁화대학교"> 무궁화대학교
<li> <input type="checkbox" name="int" value="꽃님대학교"> 꽃님대학교<br>
나군 대학교<br>
<li> <input type="checkbox" name="가" value="달님대학교"> 달님대학교
<li> <input type="checkbox" name="가" value="해님대학교"> 해님대학교
<li> <input type="checkbox" name="gam" value="꿈나라대학교"> 꿈나라대학교
<li> <input type="checkbox" name="int" value="달나라대학교"> 달나라대학교<br>
다군 대학교<br>
<li> <input type="checkbox" name="가" value="별님대학교"> 별님대학교
<li> <input type="checkbox" name="가" value="초롱대학교"> 초롱대학교
<li> <input type="checkbox" name="gam" value="희망대학교"> 희망대학교
<li> <input type="checkbox" name="int" value="우주대학교"> 우주대학교<br>
라군 대학교<br>
<li> <input type="checkbox" name="가" value="대화대학교"> 대화대학교
<li> <input type="checkbox" name="가" value="화합대학교"> 화합대학교
<li> <input type="checkbox" name="gam" value="서민대학교"> 서민대학교
<li> <input type="checkbox" name="int" value="댄스대학교"> 댄스대학교
</form>
</body>
</html>
```

NOTE

이 프로그램은 사용자가 원하는 정보를 체크하는 내용이다. 체크박스 입력폼은 〈input〉태그의 type 속성을 "checkbox"로 설정하였으며 입력 폼에서 입력된 정보의 체크박스는 체크상태와 체크되지 않은 상태 2가지이다. 가, 나, 다, 라군의 대학의 체크박스에 체크를 하면 해당대학이 선택되게 된다.

〈표9.19〉 checkbox 객체의 메소드

메 소 드	기 능 설 명
click()	입력된 정보의 체크박스 버튼을 실행하는 메소드

따라하기

```
ch9-22.html
<html>
<head>
<title> 스크립트에 오신 것을 환영합니다.</title>
<h3> 이것은 checkbox 이벤트핸들러에 대한 내용입니다.</h3>
<script language="javascript">
function selectDept(form){
if(form.checked==true)
window.status=form.value
else
window.status=form.value
}
</script>
</head>
<body bgcolor="cyan">
<form method="post">
선택할 학과<br>
<hr>
```

```
<li> <input type="checkbox" name="com" value="컴퓨터정보통신"
onClick="selectDept(this)"> 컴퓨터정보통신
<li> <input type="checkbox" name="mul" value="멀티미디어정보"
 onClick="selectDept(this)"> 멀티미디어정보
<li> <input type="checkbox" name="gam" value="게임정보"
onClick="selectDept(this)"> 게임정보
<li> <input type="checkbox" name="int" value="인터넷정보"
onClick="selectDept(this)"> 인터넷정보
</form>
</body>
</html>
```

NOTE

이 프로그램은 onClick 이벤트핸들러를 이용하여 입력된 정보를 체크하는 내용이다. clickcheck(form)함수를 이용하여 정보를 체크하도록 하며 마우스로 체크박스의 내용을 클릭하면 체크된 내용이 하단의 상태바에 나타난다. 여기서 onClick 이벤트 핸들러는 체크박스를 클릭하여 체크작업을 수행하는 역할을 한다.

9.11 Radio Form

라디오 객체는 체크박스와 비슷한 기능을 수행하며 라디오 객체는 여러 개의 입력된 리스트정보 중에서 한 개만 선택하는 기능이다. 반면에 체크박스객체는 한 개의 리스트만 선택하는 것이 아니라 여러 개의 리스트를 선택하는 기능이다. 라디오 객체의 버튼은 원모양의 선택버튼이 나타나며 체크박스와는 다르게 오직 한 가지만 선택할 수 있는 기능이다. 일반적으로 라디오버튼은 여러 개가 하나의 그룹을 이루며 남·녀 성별을 선택한다거나 퀴즈 정답 등의 문제를 선택할 때 주로 사용된다. 라디오버튼설정을 위한 radio 객체의 구조는 다음과 같다.

radio 객체의 구조:

〈input type="radio"
name="group name"
value="value"
[checked]
[onClick="이벤트핸들러"]〉라디오버튼에 나타나는 문자열

형식: 〈input type="radio" name="라디오 객체의 이름"
value="라디오 박스에서 체크되는 제어 값"〉

예9.14) <input type="radio" name="lcd" value="라디오1" checked>첫 번째 라디오버튼
<input type="radio" name="lcd" value="라디오2" checked>두 번째 라디오버튼
<input type="radio" name="lcd" value="라디오3" checked>세 번째 라디오버튼

NOTE

이 문장에서 input type은 radio이고 라디오의 이름은 lcd 라디오에 입력되는 문자열 값은 라디오1, 2, 3이며 checked 속성은 체크박스를 미리 체크상태로 만드는 속성이다. 여기에서 라디오1, 2, 3 세 개의 리스트는 모두 name이 같기 때문에 한 개의 그룹으로 나타낸다.

스크립트에서 라디오버튼을 설정하기 위해 제공되는 radio 객체의 속성과 메소드는 다음과 같다.

〈표9.20〉 radio 객체의 속성

속 성	기 능 설 명
defaultChecked	라디오버튼 값을 디폴트로 입력해준 값
checked	라디오 버튼이 체크되었는지를 확인
length	그룹 안에 들어 있는 라디오 버튼의 수
name	라디오 버튼 입력 폼에 지정해 주는 라디오 버튼이름 즉 name="han"
type	input type에 입력하는 값 즉 type="radio"
value	라디오버튼value에 입력하는 입력문자열값 즉 value="양식"

따라하기

```
ch9-23.html
<html>
<head>
<title> 스크립트에 오신 것을 환영합니다.</title>
<h3> 이것은 radio버튼에 대한 내용입니다.</h3>
</head>
<body bgcolor="yellow">
퀴즈를 맞추어 보세요.<br>
<form action="nothing.cgi" method="get">
이름:<input type="text" name="lee" size=15> <br>
주소:<input type="text" name="lee1" size="25> <br>
연락처:<input type="text" name="lee3" size=15>,br>
성.별:<input type="radio" name="남" value="남자">남자
<input type="radio" name="여" value="여자">여자<br>
한글은 누가 만들었는가?<br>
<input type="radio" name="kkk" value="1">이순신
<input type="radio" name="kkk" value="2">안중근
<input type="radio" name="kkk" value="3">세종대왕
<input type="radio" name="kkk" value="4">을지문덕<br>
<input type="submit" value="보내기"> <br>
<input type="reset" value="다시쓰기">
</form>
</body>
</html>
```

NOTE

이 프로그램은 라디오객체에 대한 내용이다. input type="radio"로 설정하여 남 · 녀를 선택하는 라디오 버튼과 퀴즈문제를 선택하는 라디오 버튼을 구성하고 있다.

따라하기

```
ch9-24.html
<html>
<head>
<title> 스크립트에 오신 것을 환영합니다.</title>
<h3> 이것은 radio버튼에 대한 내용입니다.</h3>
</head>
<body bgcolor="orange">
<form action="nothing.cgi" method="post">
음식선택:<li> <input type="radio" name="boram" value="한식" checked> 한식
<ol>
<li> <input type="radio" name="han" value="김치찌게"> 김치찌기
<li> <input type="radio" name="han" value="된장찌게"> 된장찌기
<li> <input type="radio" name="han" value="참치찌게"> 참치찌게
<li> <input type="radio" name="han" value="순두부백반"> 순두부백반
<li> <input type="radio" name="han" value="비빔밥"> 비빔밥
</ol>
음식선택:<li> <input type="radio" name="boram" value="양식" checked> 양식
<ol>
양식선택<br>
<li> <input type="radio" name="yang" value="돈까스"> 돈까스
<li> <input type="radio" name="yang" value="비프까스"> 비프까스
<li> <input type="radio" name="yang" value="비프스테이크"> 비프스테이크
<li> <input    type="radio"    name="yang"    value="이탈리안돈까스"> 이탈리안돈까
 스
</ol>
</form>
</body>
</html>
```

NOTE

이 프로그램은 사용자가 원하는 음식정보를 체크하는 내용이다. 라디오버튼 입력폼은 <input>태그의 type 속성을 "radio"로 설정하였으며 입력 폼에 입력된 정보의 라디오버튼은 그룹 안에 들어있는 여러 개의 라디오 버튼 중에서 하나를 미리 선택하여 입력된 정보의 라디오버튼에 체크를 하면 해당정보가 선택되게 된다. 이때 한 그룹 안에서는 오직 하나의 라디오 버튼만을 선택할 수 있기 때문에 하나의 라디오 버튼만이 체크된다.

〈표9.21〉 radio 객체의 메소드

메 소 드	기 능 설 명
click()	라디오 버튼을 실행하는 메소드

따라하기

```
ch9-25.html
<html>
<head>
<title> 스크립트에 오신 것을 환영합니다.</title>
<h3> 이것은 radio 객체의 메소드에 대한 내용입니다.</h3>
<script language="javascript">
function selectcheck(str){
alert(str)
}

</script>
</head>
<body bgcolor="cyan">
<form action="nothing.cgi" method="post">
음식선택: <li> <input type="radio" name="boram" value="한식" checked> 한식
<ol>
```

```
<li> <input type="radio" name="han" value="김치찌게"> 김치찌게
<li> <input type="radio" name="han" value="된장찌게"> 된장찌게
<li> <input type="radio" name="han" value="참치찌게"> 참치찌게
<li> <input type="radio" name="han" value="순두부백반"> 순두부백반
<li> <input type="radio" name="han" value="비빔탑"> 비빔밥
</ol>
<input type="button" value="여기를클릭" onClick="selectcheck('무엇을 선택하셨
습니까?')">
</form>
</body>
</html>
```

NOTE

이 프로그램은 라디오 버튼을 이용하여 여러 개의 음식 메뉴 중 하나를 선택하는 내용이다. selectcheck(str)함수를 이용하여 음식정보를 체크하도록 하며 마우스로 음식메뉴를 클릭하면 체크된 내용이 alert 박스에 나타난다. 여기서 onClick 이벤트 핸들러는 라디오버튼을 클릭하여 체크작업을 수행하는 역할을 한다.

9.12 Select Form

select 객체는 입력된 정보의 여러 리스트들 중에서 사용자가 드롭다운(Drop-Down) 형식으로 하나의 리스트를 선택할 수 있도록 해주는 기능이다. 선택리스트 객체는 체크 박스, 라디오 버튼기능과 유사하며 <select> 태그와 <option> 태그를 이용하여 리스트를 나타낸다. 이 객체는 브라우저의 좁은 공간에 여러 개의 리스트를 나타낼 때 사용되며 다중선택과 단일 선택기능을 제공하고 있다. select 객체는 배열객체 즉 selectIndex를 이용하여 각각의 리스트에 접근할 수 있으며 선택리스트설정을 위한 select 객체의 구조는 다음과 같다.

select 객체의 구조:

```
<select name="name"
 [size="integer"]
 [multiple]
 [onBlur="이벤트핸들러"]
 [onChange="이벤트핸들러"]
 [onFocus="이벤트핸들러"]>
<option [selected] [value="value"]> 리스트문자열
 [<option [selected] [value="value"]> 리스트문자열]
 [<option [selected] [value="value"]> 리스트문자열]
                                    .....
 </select>
형식: <select name="select 객체의 이름">
<option value="선택 제어 값> 리스트
                ...
</select>
```

예9.15)

```
<select name="리스트선택" size=5>
<option selected>일
<option selected>이
<option selected>삼
</select>
```

예9.16)

```
<select name="리스트선택" size=5 multiple>
<option selected>일
<option selected>이
<option selected>삼
</select>
```

NOTE

이 예에서 select 이름은 "리스트선택"이며 size는 스크롤시 한 번에 출력할 수 있는 리스트의 수이며 multiple은 사용자가 한 개 이상의 리스트를 선택할 수 있도록 하는 속성이다. select 객체는 드롭다운 메뉴방식의 리스트를 만들 때 사용되며 <select>와</select>태그 사이에 하나이상의 <option> 값을 설정해 주어야 한다.

스크립트에서 선택리스트를 설정하기 위해 제공되는 select 객체의 속성과 이벤트 핸들러는 다음과 같다.

〈표9.22〉 select 객체의 속성

속 성	기 능 설 명
multiple	사용자가 한 개이상의 리스트를 선택할 수 있도록 하는 속성
name	선택리스트 박스의 이름
size	스크롤시 한 번에 출력할 수 있는 리스트의 수

따라하기

ch9-26.html

```
<html>
<head>
<title> 스크립트에 오신 것을 환영합니다.</title>
<h3> 이것은 select 객체에 대한 내용입니다.</h3>
</head>
<body bgcolor="cyan">
<form>
학과명:
<select name="dept">
<li> <option> 컴퓨터정보통신학과
<li> <option> 멀티미디어정보학과
```

```
<li> <option> 인터넷정보처리학과
<li> <option> 게임정보학과
<li> <option> 전자공학과
<li> <option>  지능정보공학과
</select>
</form>
</body>
</html>
```

NOTE

이 프로그램은 학과명의 리스트박스를 만드는 내용이다. 선택리스트 이름은 "dept"이며 여섯 개의 학과이름을 만들어 리스트를 선택하도록 한다.

따라하기

```
ch9-27.html
<html>
<head>
<title> 스크립트에 오신 것을 환영합니다.</title>
<h3> 이것은 선택리스트에 대한 내용입니다.</h3>
<script language="javascript">
function selectMenu(form){
alert(form.Menu.selectedIndex+"번 메뉴선택")
}
</script>
</head>
<body bgcolor="orange">
<form>
식단:
```

```
<select name="Menu" size=5>
<option value="김치찌게" selected> 김치찌게
<option value="된장찌게"> 된장찌게
<option value="참치찌게"> 참치찌게
<option value="순두부백반"> 순두부백반
<option value="비빔밥"> 비빔밥
</select> <p>
<input type="button" value="메뉴선택" onClick="selectMenu(this.form)">
</form>
</body>
</html>
```

NOTE

이 프로그램은 selectedIndex 속성을 이용하여 식단메뉴 리스트를 선택하는 내용0 다. selectMenu(form) 함수를 이용하여 메뉴정보를 선택하도록 하며 마우스로 음식메뉴를 클릭하면 체크된 내용이 alert 박스에 나타난다.
여기서 김치찌개는 selectedIndex[0], 된장찌게는 selectedIndex[1], 참치찌게는 selectedIndex[2], 순두부백반은 selectedIndex[3], 비빔밥은 selectedIndex[4]의 배열 구조를 가지며 예를 들어 참치찌개의 메뉴 정보를 선택하면 alert 박스에 2번 메뉴선택이라는 내용이 출력된다.

따라하기

ch9-28.html

```
<html>
<head>
<title> 스크립트에 오신 것을 환영합니다.</title>
<h3> 이것은 select 객체에 대한 내용입니다.</h3>
</head>
<body bgcolor="cyan">
```

```
<form>
원하는 대학교를 선택하세요.<br>
<select name="University" size=6 multiple>
<li> <option> 한국대학교
<li> <option> 문화대학교
<li> <option> 이순신대학교
<li> <option> 강감찬대학교
<li> <option> 성춘향대학교
<li> <option> 홍길동대학교
</select>
</form>
</body>
</html>
```

NOTE

이 프로그램은 대학교의 리스트박스를 만드는 내용이다. 선택리스트 이름은 "university"이며 여섯 개의 대학이름을 만들어 리스트를 선택하도록 한다. multiple 속성은 다중선택이 가능한 선택 박스이며 ctrl키를 누른 상태에서 원하는 항목을 클릭하면 다중선택이 되어진다. 이것은 체크박스와 같은 기능을 수행한다. 반면에 size속성은 원하는 항목을 선택하면 기존에 선택된 항목은 취소가 된다. 이것은 하나의 항목만을 선택하는 라디오 버튼과 같은 기능을 수행한다.

〈표9.23〉 select 객체의 이벤트 핸들러

이벤트 핸들러	기 능 설 명
onBlur	리스트박스에 있는 리스트정보를 빠져나가는 이벤트핸들러
onChange	리스트에서 다른정보를 선택하는 이벤트핸들러
onFocus	리스트 박스에서 정보를 선택하는 이벤트핸들러

9.13 Fileupload Form

fileupload 객체는 현재 자신의 시스템에 있는 파일을 업로드하고자 할 때 사용하는 기능이다. 이 객체는 버튼을 이용하여 필드와 시스템 디렉토리를 검색하며 업로드하고 싶은 파일을 선택하면 선택한 파일이 브라우저 화면에 나타난다. 파일 업로드 설정을 위한 fileupload객체의 구조는 다음과 같다.

fileupload 객체의 구조:

〈input type="file"
name="fileUploadName"〉

형식:〈input type="파일업로드 객체의 이름"
name="업로드할 파일의 이름"〉

예9.17) <input type="file" name="lcd">

NOTE

이 문장에서 input type은 file이고 업로드 할 파일 이름은 "lcd"이다. 스크립트에서 파일 업로드를 설정하기 위해 제공되는 fileupload객체의 속성은 다음과 같다.

〈표9.24〉 fileupload 객체의 속성

속 성	기 능 설 명
name	파일업로드 필드에서 지정되는 파일 이름
type	업로드할 파일
value	파일업로드 필드에 업로드한 파일

따라하기

ch9-29.html

```
<html>
<head>
<title> 스크립트에 오신 것을 환영합니다.</title>
<h3> 이것은 fileupload에 대한 내용입니다.</h3>
<script language="javascript">
function showfile(form){
alert(form.file_name.value+"파일선택")
}
</script>
</head>
<body>
<form name="leeform">
업로드할 파일:<input type="file" name="file_name" size=50> <p>
<input type="button" value="파일업로드" onClick="showfile(this.form)">
</form>
</body>
</html>
```

NOTE

이 프로그램은 업로드 할 파일을 지정하기 위해 필드에 어떤 파일이 입력되어 있는가를 알아보는 내용이다. showfile(form)함수를 이용하여 필드에 있는 파일이 브라우저에 나타나며 파일업로드 버튼을 클릭하면 alert 박스에 선택한 파일이 나타나게 된다. 파일업로드 필드에는 버튼이 나타나는데 넷스케이프는 "Browse" 버튼이 나타나며 익스플로러는 "찾아보기" 버튼이 나타난다. 이때 Browse나 찾아보기 버튼을 클릭하면 선택할 파일들이 화면에 나타난다.

제 10 장

Operation Objects

10.1 Document Object

document object는 스크립트 브라우저에 나타내는 앵커들과 링크들, 폼과 폼 요소, 배경색깔과 전경색깔, 그리고 하이퍼텍스트 링크 색깔 등을 정의해 주는 객체로서 document 객체의 속성, 메소드 그리고 이벤트 핸들러는 다음과 같다.

〈표10.1〉 document 속성

속 성	기 능 설 명
alinkColor	하이퍼링크의 색상을 나타내는 속성
anchors	문서에서 앵커 객체들의 배열을 나타내는 속성
applet	자바애플릿을 참조하는 속성
applets	자바애플릿의 모든 객체들을 참조하는 속성
bgcolor	문서의 배경색상을 나타내는 속성
fgcolor	문서의 전경 색을 나타내는 속성
linkcolor	문서에서 하이퍼텍스트의 링크의 색상을 나타내는 속성
alinkcolor	링크를 클릭했을 때 색상을 나타내는 속성
vlinkcolor	이전에 방문했던 링크를 나타내는 색상 속성
cookie	쿠키명령을 전달하는 속성
form	문서에 들어 있는 입력양식을 나타내는 속성
image	문서에 들어 있는 이미지 객체를 참조하는 속성
lastmodified	문서가 마지막으로 수정된 날짜 속성
links	문서에 들어 있는 모든 문서객체를 연결하는 속성
plugins[]	브라우저가 지원하는 모든 플러그인 객체를 나타내는 속성
referer	현재 문서링크에서 이전 문서의 URL을 참조하는 속성
title	문서의 제목을 나타내는 속성
URL	문서의 URL을 나타내는 속성

예10.1) document.write("title"+document.title+"<br>")
// 문서의 제목을 출력하게 된다.
document.write("URL주소"+document.location+"<br>")
// 문서의 URL주소를 출력해 준다.
document.write("이전의 URL주소"+document.referrer+"<br>")
// 이전문서의 URL주소를 출력해 준다.
document.bgcolor="orange"
// 문서의 배경 색을 오렌지색으로 설정한다.
document.write("링크의 수"+document.links.length+"<br>")
// 문서의 링크의 수를 출력해 준다.
document.write("입력폼의 수"+document.forms.length+"<br>")
// 화면에 입력폼의 수를 출력해 준다.

따라하기

```
ch10-1.html
<html>
<head>
<title>스크립트에 오신 것을 환영합니다.</title>
</head>
<body bgcolor="cyan">
<h3> 이것은 문서 속성에 관한 내용입니다.</h3>
<script language="javascript">
<!-- 문서의 속성 시작
document.write("<h4>")
document.write("문서의제목:"+document.title+"<p>")
today=new Date(document.lastModified)
year=today.getYear()
month=today.getMonth()+1
day=today.getDate()
document.write("현재날짜:"+year+"년"+month+"월"+day+"일")
document.write("<h4>")
// 문서의 속성 끝-->
```

```
</script>
</body>
</html>
```

NOTE

이 프로그램은 document 속성에 관한 내용을 알아보는 프로그램으로서 현재날짜를 알아보는 내용이다. 이 내용은 현재 날짜에 대한 정보를 문자열 형태로 보여주고 있으며 Date 객체형태가 아닌 문자열 형태로 제공하고 있다. 현재 날짜를 알아보기 위하여 today=new Date()메소드 함수를 선언한다.

따라하기

ch10-2.html

```
<html>
<head>
<title>스크립트에 오신 것을 환영합니다.</title>
<script language="javascript">
<!-- 배경색 알아보기
document.bgcolor="white"
function setDefault(){
document.bgcolor="white"
}
function changeColor(){
document.bgcolor="yellow"
}
// 배경색 정리-->
</script>
</head>
<body>
<h2> 배경색에 대해서 알아봅시다.</h2>
```

```
<a href="보기1.html"> 연결해 봅시다</a> <p>
<form>
<input type="button" value="배경색 알아보기" onClick="changeColor()">
<input type="button" value="바꾸어 보세요." onClick="setDefault()">
</form>
</body>
</html>
```

NOTE

이 프로그램은 html 문서의 배경 색을 바꾸어 주는 프로그램으로서 초기 배경 값을 document.bgcolor="white"처럼 지정한다. 그리고 객체의 속성을 디폴트로 정한 후 속성을 변환시키는 내용이다. 문서의 색상 지정은 <body></body> 태그에서 지정되며 예를 들어 <body bgcolor="green" fgcolor="white" link="red"...>와 같이 지정이 된다. 그림에서 연결해 봅시다 의 링크를 클릭하면 하이퍼링크 보기1.html 문서로 연결이 된다.

〈표10.2〉 document 메소드

메 소 드	기 능 설 명
open()	문서에 데이터를 출력하기 위해 오픈 시켜주는 메소드
close()	문서에 데이터를 출력하고 닫아주는 메소드
clear()	브라우저에서 현재 출력된 문서를 클리어 시키는 메소드
write()	html문서 및 문자열을 출력해 주는 메소드
writeln()	줄바꾸기를 포함한 html문서 및 문자열을 출력해 주는 메소드
getSelection()	현재 선택된 문자열을 반환해 주는 메소드

예10.2)
```
document.open()
// 문서를 오픈시킨다.
document.close()
// 문서를 닫는다.
document.clear()
// 문서를 클리어시킨다.
```

```
document.write("출력내용")
// 문서의 내용을 출력시킨다.
window.open()
// 윈도우를 오픈시킨다.
window.close()
// 윈도우를 닫는다.
```

따라하기

ch10-3.html

```
<html>
<head>
<title>스크립트에 오신 것을 환영합니다.</title>
<h3> 이것은 document메소드에 대한 내용입니다.</h3>
<script language="javascript">
<!-- document메소드 알아보기
var winobject=null
function createWindow(){
winobject=window.open("", "", "resize=yes")
}
function closeWindow(){
if(winobject!=null)
winobject.close()
}
function makeDocu(){
if(winobject!=null){
winobject.document.open()
winobject.document.write("<h4> 2013년 한국으로...</h4>")
winobject.document.writeln("여러분을 한국에 초대합니다.")
winobject.document.close()
}
}
```

```
function clearDocu(){
if(winobject!=null){
winobject.document.open()
winobject.document.write("")
winobject.document.close()
}
}
// document 메소드 끝-->
</script>
</head>
<body bgcolor="orange">
<form>
<input type="button" value="열어보기" onClick="createWindow()"> <br>
<input type="button" value="닫아보기" onClick="closeWindow()"> <br>
<input type="button" value="작성하기" onClick="makeDocu()"> <br>
<input type="button" value="지워보기" onClick="clearDocu()"> <br>
</form>
</body>
</html>
```

NOTE

이 프로그램은 open(), close(), write(), writeln() 의 내용을 알아보는 스크립트 코드이다. window.open()함수로 윈도우를 열고 window.close()함수로 윈도우를 닫는다. 또한 make.docu()함수를 이용하여 문서들을 작성하고 clearDocu()함수를 이용하여 작성된 문서를 지운다. 여기서 open() 메소드 함수에는 open("option[MIME]")와 같은 MIME 옵션형식을 이용하여 매개변수를 지정할 수 있으며 MIME(Multi-purpose Internet Mail Extensions)이란 인터넷상에서 다양한 문서나 이미지 등의 데이터 포맷을 E-Mail을 전송하기 위한 프로토콜이다. 스크립트 코드에서 일반적인 MIME타입은 text/html이 되며 이미지타입은 image/gif가 된다. 또한 write()와 writeln() 메소드 함수는 일반적인 출력 메소드 함수로서 차이는 write()메소드는 문자열을 출력하는 메소드이고 writeln() 메소드는 html에서 줄바꾸기의 기능인
을 포함하고 있다. 따라서 writeln() 메소드는 문자열을 출력하고 줄바꾸기 기능까지를 수행하게 된다.

10.2 History Object

history 객체는 사용자가 방문했던 URL리스트 정보를 저장해 두는 곳으로서 히스토리 리스트를 조작하는 기능을 제공한다. 히스토리가 제공하는 정보는 그 동안 방문했던 웹사이트의 URL을 기록해 놓은 히스토리 리스트이며 히스토리 객체가 제공하는 메소드들을 이용하여 이전페이지로 이동할 수 있게 된다. 히스토리가 제공하는 속성과 메소드는 다음과 같다.

〈표10.3〉 history객체의 속성

속 성	기 능 설 명
back	현재 접속한 이전 페이지로 돌아가는 속성
forward	현재 접속한 이후 페이지로 가는 속성
current	현재 접속 중인 사이트
length	히스토리 리스트의 수를 나타내는 속성

예10.3)
```
document.write("history"+history.length+"<br>")
// 화면에 history의 수를 출력해준다.
alert("history"+history.length+"")
// 경고박스에 히스토리 수를 나타낸다.
```

따라하기

```
ch10-4.html
〈html〉
〈head〉
〈title〉스크립트에 오신 것을 환영합니다.〈/title〉
〈h3〉 이것은 history 속성에 관한 내용입니다.〈/h3〉
〈script language="javascript"〉
〈!-- history 속성 알아보기
function showHistoryLen(){
```

```
alert("히스토리의 수:"+history.length+" 개")
}
//히스토리 속성 끝-->
</script>
</head>
<body bgcolor="cyan">
<form>
<input type="button" value="방문한 리스트 수" onClick="showHistoryLen()">
</form>
</body>
</html>
```

NOTE

이 프로그램은 리스트에 들어 있는 주소의 수를 알아보는 스크립트 코드이다. 속성 length는 현재 히스토리 리스트에 들어 있는 URL 주소의 수를 나타내는 속성으로서 참조만 가능하며 수정은 불가능하다. 여기서 function showHistoryLen()함수는 **방문한 리스트의 수**를 구하는 함수이며 방문한 리스트 수 의 버튼을 클릭하면 리스트에 들어 있는 주소의 수를 보여주게 된다.

〈표10.4〉 history 객체의 메소드

메 소 드	기 능 설 명
go()	페이지의 리스트를 이동하는 메소드
back()	현재 접속한 페이지에서 한 단계 앞으로 이동하는 메소드
forward()	현재 접속한 페이지에서 한 단계 뒤로 이동하는 메소드

예10.4)

```
<input type="button" value="back" onclick="history.back()">
  // 버튼을 클릭하면 back으로 이동한다.
<input type="button" value="forward" onclick="history.forward()">
  // 버튼을 클릭하면 forward로 이동한다.
```

따라하기

```
ch10-5.html
<html>
<head>
<title>스크립트에 오신 것을 환영합니다.</title>
</head>
<h3> 이것은 history 메소드에 관한 내용입니다.</h3>
<body bgcolor="cyan">
<form>
<input type="button" value="뒤로 가보자" onClick="historry.forward()">
<br>
<input type="button" value="앞으로 가보자" onClick="history.back()">
<br>
</form>
</body>
</html>
```

NOTE

이 프로그램은 forward(), back()메소드를 이용하여 히스토리 리스트의 앞, 뒤로 이동하는 내용으로서 익스플로러의 뒤로, 앞으로 메뉴와 넷스케이프의 back, forward 메뉴와 같다.

10.3 Location Object

location 객체는 현재 URL에 관한 정보를 가지고 있는 객체로서 구체적인 URL 주소에 관한 정보를 제공한다.

URL 주소는 자료 또는 문서에 있어서 문서의 파일명 그리고 문서를 요구한 웹서버에게 문서를 전송하는 방법 등에 관한 내용을 포함하고 있는 웹서버와 CGI 스크립트나 이미지 맵에 대한 정보들이 해당된다. location 객체는 브라우저가 문서를 윈도우나 프레임으로 로드할 때 브라우저에 의해 생성된다. location 객체가 제공하는 속성과 메소드는 다음과 같다.

〈표10.5〉 location 객체의 속성

속 성	기 능 설 명
href	URL을 지정해주는 속성
protocol	URL을 지정해주는 프로토콜을 나타내는 속성
host	URL에서 지정된 hostname:port을 나타내는 속성
hostname	URL에서 지정된 hostname을 나타내는 속성
port	URL의 포트를 나타내는 속성
path	URL에서 지정된 포트를 나타내는 속성
hash	URL에서# 로 지정된 CGI 정보를 나타내는 속성
search	URL에서? 로 지정된 CGI 정보를 나타내는 속성
post	post 헤더를 나타내는 속성

예를 들어 다음과 같은 URL에서 location 속성을 살펴보자.

1) http://www.chongdeuk.com/path/lee/bo/ram.html에서 프로토콜, 호스트 이름, 경로이름은

프로토콜: http

호스트 이름: www.chongdeuk.com

경로이름: /path/lee/bo/ram.html이다.

2) http://www.chongdeuk.com/path/lee/bo/ram.html#examAnchor

여기에서는 해쉬문서#examAnchor를 URL에 추가시켜 html 문서를 location에 링크시킨다. 해쉬는 항상 해쉬 텍스트 앞에 #을 붙여 사용해야 한다.

프로토콜: http

호스트이름: :www.chongdeuk.com

경로이름: /path/lee/bo/ram.html

해쉬: #examAnchor

3) http://www.chongdeuk.com:77/path/lee/bo/ram.html

URL에는 프로토콜, 호스트이름, 경로, 해쉬 그리고 URL의 검색요소들 외에도 포트번호가 있다. 포트번호는 자료를 제공하는 서버와 접속하기 위한 IP 포트번호를 말한다.

프로토콜: http

호스트이름: www.chongdeuk.com

호스트: www.chongdeuk.com:77

포트: 77

경로 이름: /path/lee/bo/ram.html

예10.5)
```
document.write("href"+top.frames.location.href+"<br>")
// 문서의 URL주소를 출력해준다.
document.write("protocal"+top.frames.location.protocal+"<br>")
// 문서의 프로토콜 종류를 출력해준다.
document.write("port"+top.frames.location.port+"<br>")
// 문서의 포트번호를 출력해준다.
document.write("href"+top.frames.location.hash+"<br>")
// 문서의 해쉬정보를 출력해준다.
document.write("protocal"+top.frames.location.pathname+"<br>")
// 문서의 경로를 출력해준다.
document.write("port"+top.frames.location.hostname+"<br>")
// 문서의 URL주소의 호스트이름을 출력해준다.
```

따라하기

ch10-6.html

```
〈html〉
〈head〉
〈title〉스크립트에 오신 것을 환영합니다.〈/title〉
```

```
〈h3〉 이것은 location 속성에 관한 내용입니다.〈/h3〉
〈script language="javascript"〉
function showLocation(){
var str="location.href:"+location.href+"₩n"
str+="location.search:"+location.search+"₩n"
alert(str)
}
〈/script〉
〈/head〉
〈body bgcolor="cyan"〉
〈form〉
〈input type="button"
value="프레임 Location 정보는?" onClick="showLocation()"〉
〈/form〉
〈/body〉
〈/html〉
```

NOTE

이 프로그램은 search 속성을 알아보는 프로그램이다. search 속성은 URL 주소에서는 사용되지 않고 검색엔진에서 문자열을 search 할 때 사용된다.

예를 들어 ["http://www.lycos.co.kr/bin/search?p=windows&d=111&b=1111&c=1111&d=33"]라는 주소에서 search 속성은 search 이하 문자열 [?p=windows&d=111&b=1111&c=1111&d=33]이 된다.

〈표10.6〉 location 객체의 메소드

메 소 드	기 능 설 명
toString()	location.href를 반환해주는 메소드
assign()	llocation.href를 설정해주는 메소드
reload()	문서를 새로 고치거나 다시 읽게 해주는 메소드
replace()	현재 문서를 URL 문서로 대체해주는 메소드

NOTE

location 객체의 메소드 toString()은 검색엔진에서 찾고자 하는 문자열을 반환 할 때 사용되며 assign()메소드는 URL 주소를 설정할 때 사용된다. reload()메소드는 예를 들어 익스플로러의 새로 고침이나 넷스케이프의 reload 기능처럼 현재 브라우저에 나타나 있는 문서를 다시 읽어들이는 기능을 수행하며 replace() 메소드는 현재 브라우저에 나타나 있는 문서 대신에 매개변수로 지정된 윈도우나 프레임 안에서 지정된 문서를 로드한다.replace() 메소드 형식은 location.replace("URL")과 같이 지정하며 여기서 URL 주소는 현재 문서를 URL 문서로 대체해 준다.

10.4 Link Object

link 객체는 스크립트 코드에서 〈a href="URL 이름"〉 형태로 링크를 지정하여 정보를 제공해 주는 객체이다. 링크 객체는 〈a href="URL 이름"〉...〈/a〉 태그 사이에서 지정된 텍스트나 이미지를 밝게 표시하고 밑줄을 그어 링크를 나타낼 때 사용된다.

링크 객체의 처리는 스크립트 코드에 포함되어 있는 하이퍼텍스트링크정보를 순서(하이퍼텍스트 링크 순서: 위에서 아래로 왼쪽에서 오른쪽으로 순이다.)대로 배열에 저장하여 실행할 수 있으며 하이퍼텍스트 링크는 links[0], links[1], links[2], ... 등의 배열을 사용하여 속성과 메소드들의 접근이 가능하다. 일반적으로 앵커 태그〈a href="URL 이름"〉과 간단한 링크구조는 다음과 같이 구성된다.

앵커태그

```
<a href="location 또는 URL 이름">
[name="anchor name"]
[target="WindowName"]
[onClick="이벤트 핸들러"]
[onMouseOut="이벤트 핸들러"]
[onMouseOver="이벤트 핸들러"]
linkText
</a>
```

NOTE

여기서 href는 하이퍼텍스트 링크에 대한 location 또는 URL 이름을 나타내며 name은 문서의 앵커 로케이션을 나타낸다. target은 문서가 로드된 후 정보를 보여줄 윈도우 또는 프레임이며 windowName은 히스토리일 수도 있고 <frameset></frameset>에서 지정된 프레임일 수도 있다. onClick은 하이퍼 텍스트링크가 클릭되었을 때 브라우저가 실행하는 이벤트 핸들러이며 onMouseOut은 사용자가 마우스 포인터를 하이퍼텍스트 링크 위에서 다른 곳으로 이동할 때 브라우저가 실행하는 이벤트 핸들러이다. 또한 onMouseOver는 사용자가 마우스 포인터를 하이퍼텍스트 링크위로 이동했을 때 브라우저가 실행하는 이벤트 핸들러이며 linktext는 하이퍼 텍스트링크를 나타내는 텍스트나 이미지이다.

예10.6)

```
<script language="javascript">
test=new array(4)
// 링크배열을 만든다.
test[0]="딴지일보 홈페이지"
// 딴지일보 홈페이지를 할당하기 위해 배열을 선언한다.
test[1]="문화방송 홈페이지"
//문화방송 홈페이지를 할당하기 위해 배열을 선언한다.
test[2]="kbs방송 홈페이지"
//kbs 방송 홈페이지를 할당하기 위해 배열을 선언한다.
test[3]="야후코리아 홈페이지"
// 야후코리아 홈페이지를 할당하기 위해 배열을 선언한다.
```

```
linktest=new array(4)
// 링크를 수행하는 배열을 만든다.
linktest[0]=test[0].link("http://ddanji.netsgo.com")
// 딴지일보를 수행시키는 링크 메소드
linktest[1]=test[1].link("http://www.mbc.co.kr")
// 문화방송을 수행시키는 링크 메소드
linktest[2]=test[2].link("http://www.kbs.co.kr")
// kbs를 수행시키는 링크메소드
linktest[3]=test[3].link("http://www.yahoo.co.kr")
// 야후코리아를 수행시키는 링크메소드
document.write(""+linktest[i]+"")
// 현재문서에 대한 링크정보를 기록한다.
</script>
```

다음은 link 객체가 제공하는 속성과 이벤트 핸들러이다.

〈표10.7〉 link 객체의 속성

속 성	기 능 설 명
href	연결될 문서의 URL 주소
host	연결될 URL주소의 호스트 이름과 포트번호
hostname	연결될 URL 즈소의 호스트 이름
protocal	연결될 프로토콜 종류
pathname	연결될 경로명
port	포트번호
hash	연결될 해쉬
search	탐색할 검색엔진
target	문서가 로드된 후 정보를 보여줄 윈도우 또는 프레임

〈표10.8〉 link 객체의 이벤트 핸들러

이 벤 트 핸 들 러	기 능 설 명
onClick	하이퍼 텍스트링크가 클릭되었을 때 브라우저가 실행하는 이벤트 핸들러
onMouseOver	onMouseOver는 사용자가 마우스 포인터를 하이퍼 텍스트 링크위로 이동했을 때 브라우저가 실행하는 이벤트 핸들러
onMouseOut	사용자가 마우스 포인터를 하이퍼텍스트 링크 위에서 다른 곳으로 이동할 때 브라우저가 실행하는 이벤트 핸들러
onDblClick	마우스로 링크를 더블 클릭할 때 발생되는 이벤트 핸들러
onKeyDown	키보드에서 키를 눌렀을 때 발생하는 이벤트 핸들러
onKeyPress	키를 눌렀다 떼었을 때 발생하는 이벤트 핸들러
onKeyUp	키를 놓았을 때 발생하는 이벤트 핸들러
onMouseDown	마우스 버튼을 눌렀을 때 발생하는 이벤트 핸들러
onMouseUp	마우스 버튼을 눌렀다 놓았을 때 발생하는 이벤트 핸들러

NOTE

앵커에서 사용되는 URL 형식들은 여러 형식이 있다. 앵커태그는 URL을 사용하여 www과 인터넷 자료들을 참조할 수 있으며 일반적인 형식은 다음과 같다.

〈표10.9〉 URL의 형식

URL 형식	프 로 토 콜 종 류	형 식 예
www	http://	http://www.seonam.ac.kr
file	file://	file://test/location/exam.html
ftp	ftp://	ftp://ftp.seonam.ac.kr
mailto	mailto:	mailto:cdlee@tiger.seonam.ac.kr

10.5 Navigator Object

navigator 객체는 스크립트를 실행할 때 사용되는 브라우저의 종류와 관련정보를 제공해 주는 객체이다. 이 객체는 브라우저의 계층구조에 속하지 않는 객체로서 브라우저의 버전을 알 수 있도록 지원한다. 즉 네비게이터 객체는 사용자의 브라우저의 기능을 알아내어 그 브라우저가 지원하는 코드를 실행하도록 지원한다. 네비게이터 객체가 제공하는 속성과 메소드는 다음과 같다.

〈표10.10〉 navigator 객체의 속성

속 성	기 능 설 명
appCodeName	현재 브라우저의 코드이름을 나타내는 속성
language	현재 브라우저에 설치되어 있는 언어를 나타내는 속성
appName	현재 브라우저의 이름을 나타내는 속성. 예) Netscape 등
appVersion	현재 브라우저의 버전을 나타내는 속성
mimeTypes	현재 브라우저가 지원하는 mime 타입을 나타내는 속성

예10.7)
```
document.write("version"+navigator.appVersion+"")
// 브라우저의 버전을 출력해준다.
document.write("appName"+navigator.appName+"")
// 브라우저의 이름을 출력해준다.
document.write("appCodeName"+navigator.appCodeName+"")
// 브라우저의 코드이름을 출력해준다.
```

따라하기

ch10-7.html
```
〈html〉
〈head〉
〈title〉스크립트에 오신 것을 환영합니다.〈/title〉
```

```
</head>
<h3> 이것은 네비게이터 객체의 속성에 관한 내용입니다.</h3>
<body bgcolor="cyan">
<script language="javascript">
document.write("애플리케이션 코드이름:"+navigator.appCodename+"<br>")
document.write("사용된 언어이름:"+navigator.language+"<br>")
document.write("현재 코드이름:"+navigator.appName+"<br>")
document.write("현재버젼이름:"+navigator.appVersion+"<br>")
document.write("마임타입:"+navigator.mimeTypes+"<br>")
</script>
</body>
</html>
```

NOTE

이 프로그램은 브라우저 종류를 파악하여 애플리케이션 코드이름이 무엇이고 사용된 언어이름, 현재 사용된 코드이름, 버전이름, 마임타입을 알아보는 스크립트 코드이다. appCodeName 속성의 경우 넷스케이프에서는 모질라(Mozilla)라는 이름을 사용하며 appVersion 속성은 버전번호, 브라우저를 사용하고 있는 플랫폼이름, 미국 내 전용버전인지 또는 인터네서널 버전인지 등의 정보를 가지고 있다. mimeTypes 속성은 현재 브라우저가 어떤 형태의 mimeTypes 정보를 제공하는지를 알려주는 속성으로서 mime 타입의 종류, 설명, 파일 확장자, 플러그인 객체 등의 정보를 가지고 있다.

〈표10.11〉 navigator 객체의 메소드

메 소 드	기 능 설 명
javaEnabled()	브라우저가 자바를 지원하는지를 알아보는 메소드

예10.8) navigator.javaEnabled()

// 자바를 사용할 수 있는지 여부를 알려주는 메소드

따라하기

```
ch10-8.html
<html>
<head>
<title>스크립트에 오신 것을 환영합니다.</title>
</head>
<h3> 이것은 네비게이터 객체의 속성에 관한 내용입니다.</h3>
<body bgcolor="cyan">
<script language="javascript">
if(navigator.javaEnabled()){
document.write("<h4> 자바사용가능</h4>")
}
else{
document.write("<h4> 자바사용 불가능</h4>")
}
</script>
</body>
</html>
```

NOTE

이 프로그램은 javaEnabled()메소드 함수를 이용하여 자바를 사용할 수 있는지를 알아보는 스크립트 코드이다. javaEnabled()메소드는 부울 값을 이용하여 브라우저가 자바를 사용할 수 있는지를 체크하며 자바를 사용할 수 있을 때는 참값을 반환하고 사용할 수 없을 때는 거짓을 반환한다. 일반적으로 자바의 사용여부는 [Edit]–[preferences]메뉴를 이용한다.

10.6 Image Object

Image 객체는 html 문서에서 이미지를 삽입하기 위해 사용된다. 이미지 객체는 〈img〉〈/img〉 태그를 사용하며 스크립트 코드에서 그래픽 이미지를 정의 할 때 스크립트는 새로운 이미지 객체를 생성하게 된다.

브라우저는 이렇게 생성된 이미지 객체들을 문서 객체의 images 배열에 저장하게 되며 브라우저가 이미지 객체들을 읽는 순으로 배열에 추가된다.

예를 들어 첫 번째 배열에는 com1.gif, 두 번째 배열에는 com2.gif, 세 번째 배열에는 com3.gif 이미지가 할당된다면 스크립트는 문서 객체를 위해 images 배열을 다음과 같이 생성한다.

document.images[0]// 첫 번째 이미지 배열→com1.gif
document.images[1]// 두 번째 이미지 배열→com2.gif
document.images[2]// 세 번째 이미지 배열→com3.gif

따라서 이미지 객체를 나타내는 이미지 태그는 다음과 같은 형식을 갖는다.

이미지 객체 형식

```
〈img
[name="imageName"]
src="imageURL"
[LOWSRC="URL"]
[height=image 세로크기]
[width=image 가로크기]
[border=image 경계선]
[align="align 값 즉 "left" | "right" | "top" | "middle" | "bottom"]
[vspace=verticalwidth]
[hspace=hotizontalwidth]
[ismap]
[usemap="location#mapname"]
```

[onLoad="이벤트 핸들러"]
[onError="이벤트 핸들러"]
[onAbort="이벤트 핸들러"]>

NOTE

name: 이미지 객체의 이름
src: 연결할 이미지 파일
lowsrc: 완전한 이미지를 다운 받기 전 화면에 흐릿하게 보이는 이미지
height, width: 각각 이미지의 세로크기와 가로크기를 픽셀단위로 지정
border: 이미지 테두리(경계선)의 폭
align: 이미지 정렬 방법
vspace,hspace: 각각 이미지둘레의 수직, 수평 여유공간
ismap: 임의의 이미지가 서버 쪽의 이미지 map 임을 나타냄
usemap: 임의의 이미지가 클라이언트 쪽의 이미지 map임을 나타냄
onLoad: 이미지가 성공적으로 로드되었을 때 브라우저가 실행하는 이벤트 핸들러
onError: 이미지가 로드될 때 발생하는 에러를 실행하는 이벤트 핸들러
onAbort: 사용자가 이미지 로드 작업을 중단 시켰을 때 브라우저가 실행하는 이벤트 핸들러

다음은 image 객체가 제공하는 속성과 이벤트 핸들러이다.

〈표10.12〉 image 객체의 속성

속 성	기 능 설 명
name	이미지 객체의 이름
src	이미지 파일의 URL
lowsrc	완전한 이미지를 다운 받기 전 화면에 흐릿하게 보이는 이미지 속성
border	이미지의 경계선(테두리)
height, width	이미지의 높이,너비
hspace, vspace	이미지의 수평,수직 스페이스
ismap	임의의 이미지가 서버 쪽의 이미지 map 임을 나타내는 속성
usemap	임의의 이미지가 클라이언트 쪽의 이미지 map임을 나타내는 속성
complete	이미지 전송이 끝났는지의 여부를 나타내는 속성

〈표10.13〉 image 객체의 이벤트 핸들러

이 벤 트 핸 들 러	기 능 설 명
onAbort	사용자가 이미지 로드 작업을 중단 시켰을 때 브라우저가 실행하는 이벤트 핸들러
onError	이미지가 로드될 때 발생하는 에러를 실행하는 이벤트 핸들러
onLoad	이미지가 성공적으로 로드되었을 때 브라우저가 실행하는 이벤트 핸들러
onKeyDown	이미지에서 키를 눌렀을 때 실행되는 이벤트 핸들러
onKeyPress	이미지에서 키를 눌렀다 떼었을 때 실행되는 이벤트 핸들러
onKeyUp	이미지에서 키를 떼었을 때 실행되는 이벤트 핸들러

예10.9) 경고박스에 이미지속성 출력

function **checkImage()**
// 체크할 이미지를 함수로 선언한다.
var str="name"+**document.image.name**+""
// 이미지의 이름을 문자열로 선언하여 출력한다.
str+="width"+**document.image.width**+""
// 이미지의 가로길이를 문자열로 출력한다.
str+="height"+**document.image.height**+""
// 이미지의 세로길이를 문자열로 출력한다.
str+="src"+**document.image.src**+""
// 이미지의 연결주소를 문자열로 출력한다.
str+="border"+**document.image.border**+""
// 이미지의 테두리값을 문자열로 출력한다.
alert(str)
// 경고박스에 문자열을 전달한다.
<img name="image" src="이미지파일이름">
// 체크할 이미지의 파일을 작성하고 연결한다. name="image"는 이미지의 // 이름이다.
즉 document.image에서 image이다.

따라하기

ch10-9.html

〈html〉

〈head〉

```
<title> 자바스크립트에 오신 것을 환영합니다.</title>
</head>
<h3>이미지 객체 핸들러에 대한 내용입니다.</h3>
<body bgcolor="orange" onLoad="alert('안녕 내사랑');"
onUnload="alert('안녕 잘가!');">
<img src="설경15.jpg">
</body>
</html>
```

NOTE

이 프로그램은 이미지 객체의 이벤트 핸들러의 예를 간단하게 보여주는 스크립트 코드이다. onLoad 이벤트 핸들러에 의해서 alert 박스의 확인 버튼을 클릭하면 이미지와 함께 "안녕 내사랑"과 "안녕 잘가!"를 출력하게 된다.

10.7 Screen Object

screen 객체는 현재 사용자가 사용하고 있는 스크린의 높이와 너비 그리고 색상의 밝기를 제공해 주는 객체이다. 이 객체는 스크린 속성정보 즉 height, width, colorDepth를 이용하여 웹 페이지의 화면을 표시해 준다.

screen 객체의 속성은 다음과 같다.

<표10.14> screen 객체의 속성

속 성	기 능 설 명
height	현재 사용자가 사용하고 있는 스크린의 높이
width	현재 사용자가 사용하고 있는 스크린의 너비
colorDepth	현재 사용자의 스크린에서 스크린이 지원하는 색상 당 바이트 수

예10.10) document.write("height"+screen.height+"")

// 스크린의 세로길이를 출력한다.

document.write("width"+screen.width+"")

// 스크린의 가로길이를 출력한다.

document.write("colorDepth"+screen.colorDepth+"")

// 스크린의 색상당 바이트수를 출력한다.

따라하기

```
ch10-10.html
<html>
<head>
<title>스크립트에 오신 것을 환영합니다.</title>
<h3>이것은 screen객체의 속성에 대한 내용입니다.</h3>
<script language="javascript">
function displayScreenProperties(){
with(document){
document.write(" 스크린의 높이:"+screen.height+"<br>")
document.write(" 스크린의 너비:"+screen.width+"<br>")
document.write(" 스크린의 색상밝기:"+screen.colorDepth+"<br>")
}
}
displayScreenProperties()
</script>
</head>
<body bgcolor="cyan">
</body>
</html>
```

NOTE

이 프로그램은 screen 객체의 속성을 이용하여 스크린의 높이, 너비, 색상깊이를 알아보는 스크립트 코드이다. displayScreenProperties() 함수를 이용하여 스크린의 속성을 디스플레이 해주며 현재 사용자가 사용하고 있는 스크린에 대한 정보를 제공해 주고 있다.

제 11 장

Scripts Cookies

11.1 Cookies Structure

스크립트 쿠키는 새롭게 처리할 정보를 저장해 놓은 임시기억장소로서 cookies.txt 파일을 이용하여 클라이언트에 대한 정보를 저장하고 검색한다.

쿠키정보는 http 헤더를 통해서 서버와 클라이언트 사이를 오가며 클라이언트에서 접속한 사이트와 관련된 쿠키정보를 가져오고 새로운 쿠키정보를 작성하는 기능을 제공함으로서 서버에서 담당해야 할 기능을 클라이언트가 수행함으로서 서버가 수행하는 부담을 줄여주는 기능을 수행한다. 쿠키는 CGI 프로그램의 URL을 요청하여 나타내며 쿠키구조는 setcookie 구조와 cookie 구조 두 가지가 있다. setcookie 구조는 사용자가 서버에 정보를 요구했을 때 서버로부터 정보를 전달받는 구조이며 cookie 구조는 클라이언트가 서버로 보내는 정보구조이다. 이때 cookie 구조는 이전의 정보와 클라이언트정보의 동일여부를 파악하여 정보가 동일했을 때 클라이언트에서 서버로 쿠키정보를 보내게 된다. setcookie 구조와 cookie 구조를 나타내는 형식은 다음과 같다.

setcookie 구조형식:

Name=VALUE;expires=DATE;path=PATH;domain=DOMAIN_NAME;secure

NOTE

▶Name=VALUE 필드(필수 필드): 이 필드에는 쿠키에 저장될 중요한 정보가 저장되어 있으며 예를 들어 E-mail address:cdlee@hanmail.net와 같은 사용자의 정보가 저장되어 있다. Name 필드에는 세미콜론, 컴마, 공란(빈칸)이 들어가지 못한다.

▶expires=DATE 필드(옵션필드): 이 필드에는 쿠키가 만료되는 날짜를 지정한다. 만일 날짜가 생략되면 현재 브라우저의 세션기간에만 사용되고 그 이후에는 소멸된다. 날짜의 형식은 다음과 같다.

날짜의 형식: weekday,DD-Mon-YY HH:MM:SS GMT

여기서 weekday는 요일, DD 달의 날짜, Mon은 Month의 약자로 달, YY는 연도, HH는 시간, MM은 분, SS는 초를 나타내고 그리고 GMT는 시간대를 나타내며 항상 사용된다. 예를 들어 Sunday, 10-may-02 12:00:00 GMT 즉 이것은 2002년 5월 10일 정오 GMT를 나타낸 것이다.

끝자리 연도가 10일 경우 브라우저는 이것을 2010년으로 인식한다.

▶ path=PATH(옵션필드): 이 필드는 쿠키가 사용될 수 있는 URL 주소의 경로를 지정한다.

예를 들어 CGI 프로그램의 URL주소가
http://www.love.ac.kr/cgi-bin/jasc-exam/book1/test.cgi 라고 한다면 여기서 경로 명은 /cgi-bin/jasc-exam/book1/test.cgi가 된다.

따라서 쿠키와 cgi 프로그램의 연결은 경로 path=/cgi-bin을 설정하여 연결한다.

▶ domain=DOMAIN_NAME(옵션필드): 이 필드는 cookie가 사용될 수 있는 URL 주소의 도메인 이름을 지정할 때 사용된다. URL 주소의 도메인 이름은 예를 들어 love.ac.kr 과 같은 IP 주소사이에 적어도 두 개의 피어리드(.)로 연결된 주소명을 이용하여 나타낸다.

즉 이것은 love.ac.kr과 같은 도메인 이름은 사용할 수 있지만 ac.kr과 같은 도메인 이름은 사용할 수 없음을 의미한다.

▶ secure(옵션필드):이 필드는 전송시 보안을 필요로 할 때 사용되는 필드이다. 만일 보안이 필요하다면 secure필드를 지정하며 이때 통신채널 https 서버를 통해서 보안을 유지하게 된다.

예11.1) ① document.cookie='cookie1=delicious_cookie; expires=sat 25-dec-02 12:00:00 GMT; path"/"';

→ ② cookie1=delicious_cookie; expires=sat 25-dec-02 12:00:00 GMT; path"/"';

이 예는 set-cookie 구조를 나타내는 정보구조로서 delicious_cookie라는 쿠키 이름을 갖고,2002년 12월 25일 토요일 정오에 종료되며 디렉토리를 나타내는 경로로 '/'이 사용되었다는 것을 의미한다.

cookie 구조형식:

Name1=VALUE1;Name2=VALUE2; ... ;Name n=VALUE n

NOTE

이 구조는 Name=VALUE 정보만을 이용하여 쿠키정보를 나타낸다. Name1에서 Name n 까지는 쿠키이름을 지정하며 VALUE1에서 VALUE n 까지는 값을 지정한다. 쿠키이름과 이름사이에는 세미콜론을 이용하여 쿠키이름을 구별한다.

따라하기

ch11-1.html

```
<html>
<head>
<title>스크립트에 오신 것을 환영합니다.</title>
</head>
<body bgcolor="cyan">
<h3> 이것은 쿠키구조에 대한 내용입니다.</h3>
<script language="javascript">
<!-- 쿠키시작
document.cookie="cookiename1=cookievalue1"
document.cookie="cookiename2=cookievalue2"
document.cookie="cookiename3=cookievalue3"
document.write("쿠키정보에 대한 내용:"+document.cookie)
// 쿠키끝-->
</script>
</body>
</html>
```

NOTE

이 프로그램은 3개의 쿠키를 설정하고 3개의 쿠키가 어떻게 저장되어 있는지를 간단하게 알아보는 스크립트 코드이다.
이 프로그램의 결과는
cookiename1=cookievalue1;
cookiename2=cookievalue2;
cookiename3=cookievalue3 과 같이 나옴을 알 수 가 있다.

11.2 Cookies Information

쿠키정보는 브라우저를 이용하여 파일형태로 저장되며, 일반적으로 쿠키에 저장된 정보는 브라우저를 사용하는 동안에는 쿠키정보를 사용할 수 있으며 사용자가 컴퓨터 시스템을 끄더라도 지워지지 않는다. 따라서 브라우저가 웹서버로부터 URL 주소를 요청하면 브라우저는 쿠키가 저장된 쿠키저장파일(즉 로컬쿠키)을 탐색하여 일치된 URL 주소가 있는지를 파악하게 된다.

이 때 브라우저가 요구한 일치된 URL 주소가 있으면 웹서버에게 일치된 쿠키정보를 전달한다. 쿠키정보를 저장하고 처리하기 위해서는 getCookieVal()함수, getCookie()함수, setCookie()함수, 그리고 deleteCookie()함수 들이 사용되며 이러한 쿠키함수들은 쿠키정보를 설정하고 검색하는데 사용된다.

▶ **getCookieVal()함수 :** 이 함수는 getCookie()함수에 의해서 내부적으로 호출되는 함수로서 인코드된 쿠키정보의 Name 을 디코드하여 반환해 주는 함수이다. 또한 이 함수는 쿠키정보를 ASCII 형태로 제공해주며 빈 공란은 허용하지 않고 디코딩시에는 스크립트에서 제공된 unescape()메소드 함수를 사용한다.

예11.2)
```
function getCookieVal(offset){
var endstr=document.cookie.indexOf("; ", offset);
// 검색할 쿠키정보 설정
```

```
if(endstr==-1)
//문자열이 마지막 부분인지를 체크
endstr=document.cookie.length;
return unEscape(document.cookie.substring(offset, endstr));
 }
```

▶ **getCookie()함수:** 이 함수는 쿠키정보를 검색하는 함수로서 매개변수로 주어진 이름이 cookie에 정의되어있는지를 체크하는 함수이다. 만일 기존에 정의된 이름이 존재하면 그 문자열 값을 반환하고 그렇지 않으면 null값을 반환하게 된다.

예11.3)

```
function GetCookie(Name){
//쿠키정보 가져오기
var arg=Name+"=";
var alen=arg.length;
var clen=document.cookie.length;
var I=0;
while(i<clen){
//정의된 문자열 값을 찾기 위해 쿠키정보 전체를 검색한다.
var j=i+alen;
if(document.cookie.substring(i, j)==arg)
//Name과 동일한 문자열이 존재하는지를 체크한다.
return getCookieVal(j);
//Name과 동일한 문자열을 찾았다면 그 값을 반환한다.
i=document.cookie.indexOf(" ",i)+1;
if(i==0)break;
 }
return null;
// 동일한 문자열 값을 찾지 못했다면 null 값을 반환한다.
}
```

▶ **setCookie()함수:** 이 함수는 새로운 쿠키를 생성하거나 기존의 쿠키를 갱신하고자 할 때 사용되는 함수이다. 이 함수는 매개변수로 쿠키이름(Name)과 쿠키 값(Value) 즉 setCookie(name, value)처럼 두 개의 매개변수를 함수 값으로 취한다.

예11.4)

```
function setCookie(name, value)
var argc=setCookie.arguments.length
```

```
// 매개변수 길이설정
var argv=setCookie.arguments
// 매개변수의 수를 배열로 설정
var expires=(argc>2)?argv[2]:null
//매개변수가 3개 이상일 때 3번째 매개변수로 expire 설정
var path=(argc>3)?argv[3]:null
//매개변수가 4개 이상일 때 4번째 매개변수로 path 설정
var domain=(argc>4)?arg[4]:null
//매개변수가 5개 이상일 때 5번째 매개변수로 domain 설정
var secure=(argc>5)?arg[5]:false
//매개변수가 6개 이상일 때 매개변수로 secure 설정
document.Cookie=name+"="+escape(value)+
//쿠키속성에 맞는 정보를 지정한다.
((expires==null)?"":(";expires="+expires.toGMTString()))+
((path==null)?"":(";path="+path))+
((domain==null)?"":(";domain="+domain))+
((secure==true)?";secure":"")
 }
```

▶ **deleteCookie(Name)함수**: 이 함수는 쿠키에 저장된 정보 중에서 쿠키의 유효기간과 시간을 현재 날짜와 시간으로 바꾸어 주는 함수이다. 이 함수는 name 정보를 찾아서 삭제하고 expires 날짜를 현재 날짜나 과거 날짜로 바꾸어 주게 된다.

예11.5)
```
function deleteCookie(Name){
var today=new Date()
// 현재의 날짜와 시간을 설정한다.
today.setTime(today.getTime()-1)
var value=getCookie(name)
// 삭제하기 위하여 name 정보를 찾는다.
if(value!="")
document.Cookie=name+"="+value+";expires="+today.toGMTString()
}
```

따라하기

```
ch11-2.html
<html>
<head>
<title> 스크립트에 오신 것을 환영합니다.</title>
<h3> 이것은 쿠키정보에 대한 내용입니다.</h3>
<script language="javascript">
<!-- 쿠키테스트 프로그램 시작
function showCookie(){
document.cookie=document.lee.cookie.value
location.reload(true)
}
// 쿠키 테스트 끝-->
</script>
</head>
<body bgcolor="cyan">
<script language="javascript">
document.write("쿠키정보에 대해 알아봅시다.:"+document.cookie+"<br>")
</script>
<form action=" " name="lee">
<p> 쿠키정보를 입력하세요:<input type="text" size="50"
name="cookie"> </p>
<input type="button" name="setcookie" value="쿠키값"
onClick="showCookie()">
</form>
</body>
</html>
```

NOTE

이 프로그램은 스크립트를 통해서 쿠키에 액세스하는 방법을 나타내는 코드이다. 이 프로그램에서 쿠키의 텍스트 값을 입력하고 쿠키 값 버튼을 클릭하여 쿠키를 설정하면 쿠키의 새로운 값이 웹 페이지에 나타나게 된다. 스크립트의 동작을 확인하고 쿠키 값을 알아보기 위하여 쿠키정보를 입력해 보기 바란다.

11.3 Document Cookies

쿠키정보는 웹 환경을 위해서 강력한 기능을 제공해주고 있다. 그러나 CGI 프로그램과 함께 사용할 때는 http 응답헤더를 통해서 쿠키정보를 전달하고 http 요청헤더를 통해서 쿠키정보를 받을 수 있도록 프로그램을 설계해야 하기 때문에 약간의 어려움이 뒤따른다. 이러한 어려움을 처리하기 위해서 스크립트는 브라우저에서 쿠키정보를 로컬로 설정하여 CGI 프로그램이 쿠키정보를 처리해야 하는 부담을 줄여준다. 즉 스크립트는 클라이언트정보를 계속 유지하여 CGI 프로그램이 수행하는 기능을 스크립트가 수행하게 함으로서 쿠키정보를 액세스하도록 하게 한다. 이러한 쿠키정보는 문서처리를 위해 문서의 cookie 속성을 사용하며 CGI 프로그램과 같은 형식으로 쿠키정보를 설정한다. 예를 들어 현재 문서에 대해서 쿠키정보가 1개일 때와 여러 개일 때를 가정해보자.

예11.6) 쿠키정보가 1개일때

```
"email= cdlee@hanmail.net"
expirationDate="Sunday, 11-Jan-05 12:00:00 GMT"
document.cookie="email="+email+";expires="+expirationDate
```

NOTE

이 예는 현재 문서의 cookie 속성 값을 email="hanmail.net" expirationDate="Sunday, 11-Jan-05 12:00:00 GMT"로 설정하고 있으며 expires 는 현재 브라우저를 사용하고 난 후 쿠키정보가 소멸되도록 하고 있다. 이때 쿠키정보가 cookieString=document.cookie이라면 cookieString의 변수에는 "email= cdlee@hanmai.net"의 쿠키 문자열 값이 할당되게 된다.

예11.7) 쿠키정보가 여러 개일 때

```
email=cdlee@hanmail.net
firstName =" chongdeuk"
lastName =" Lee"
expirationDate=""Sunday, 11-Jan-05 12:00:00 GMT"
document.cookie="email="+email+";expires="+expirationDate
document.cookie="firstName="+firstName"+;expires="−expirationDate
document.cookie="lastName="+lastName"+;expires="+expirationDate
cookieString=document.cookie
```

NOTE

이 예는 현재 문서에 대해서 쿠키정보가 여러 개일 경우를 나타낸 것이다. 여기서 cookieString에는 email, firstName, lastName 쿠키정보와 name=value 정보가 들어 있다. 즉cookieString값은 "email=cdlee@hanmai.net;firstName=chongdeuk;lastName=lee"
가 할당되게 된다. cookieString 값은 세미콜론(;)으로 구분하여 name=va ue를 표시하게 된다.

따라하기

ch11-3.html

움직이는 제목 만들어 보기

```
<html>
<head>
<title> 스크립트에 오신 것을 환영합니다.</title>
<h3> 이것은 움직이는 객체에 대한 내용입니다.</h3>
<script language="javascript">
<!-- 움직이는 객체 시작
var bufMsg="    "+"     ";
var numSpaces;
var pos=0;
var speed=100;
var timerId=0;
```

```
function startlove(msg){
bufMsg+=msg;
numSpaces=bufMsg.length-msg.length;
scroll_message();
}
function stoplove(){
clearTimeout(timerId);
}
function scroll_message(){
pos++;
if(pos>bufMsg.length) pos=0;
document.frm.txtlove.value=bufMsg.substring(pos, pos+numSpaces);
timerId=setTimeout("scroll_message()", speed);
}
</script>
</head>
<body bgcolor="cyan" onLoad="startlove('여러분을 스크립트 세계로 초대합니
다!')"
onUnload="stoplove()">
<form Name="frm">
<input type="text" Name="txtlove" value="" size=30>
</form>
</body>
</html>
```

NOTE

이 코드는 오른쪽에서 왼쪽으로 움직이는 텍스트를 나타내어 필드에 들어오고 나가는 프로그램이다. startlove()함수는 입력된 메시지의 스크롤을 설정하고 나서 scroll_message 함수를 이용하여 스크롤시킨다. startlove()함수 안의 매개변수 msg는 스크롤할 메시지를 호출하는 함수이다. stoplove()함수는 스크롤을 중단시키고 timerId를 취소시킨다. scroll_message()함수는 전역변수인 bufMsg 문자열을 오른쪽에서 왼쪽으로 스크롤시킨다. scroll_message()함수의 매개변수는 사용되지 않으며 pos++는 위치의 시작지점을 증가시키며 if(pos>bufMsg.length) pos=0; 문장은 위치를 초기화시킨다.

제 12 장

Scripts Style

12.1 Basic Stylesheet

스타일 시트는 스크립트 작성, 문서 작성, 그리고 명령어 처리를 편리하게 제공한다. 스타일 시트는 제목, 문단, 본문, 리스트 등과 같은 스크립트 명령어 요소들을 제어하며 특정스타일을 스타일 시트에 저장하고 스타일을 편집하는 기능을 수행한다. 또한 스타일 시트는 여러 태그에 같은 스타일을 지정하며 스타일을 개별적 또는 그룹으로도 지정한다.

이러한 스타일 시트의 기능은 〈style〉태그를 정의하여 사용되며 스타일 시트의 형식은 다음과 같다.

스타일 시트의 형식:

〈style type=MIME type〉
스타일 속성정의
〈/style〉

예12.1)
```
<style type="text/css"> //CSS(익스플로러 형식)
  {
  background-color:red
  font-size:15
  }
 </style>
```

예12.2)
```
<style type="text/javascript"> //javascript(넷스케이프 형식)
   fontstyle="italic";
   fontsize=15
  </style>
```

NOTE

예12.1)의 첫 번째 type은 스타일의 형식 즉 "text/css"는 익스플로러에서 지원되는 형식이며 익스플로러 형식은 속성사이에 (–)을 사용한다. 예12.2)의 두 번째 type은 스타일의 형식 즉 "text/javascript"는 넷스케이프 4.0부터 지원되는 형식이며 넷스케이프 형식은 속성사이에 (–)을 사용하지 않는다. 스타일의 형식에는 익스플로러에서 실행되는 **text/css**형식과 넷스케이프에서 실행되는 **text/javascript**형식 두 가지가 있다.

{ }안의 background–color와 font–size는 익스플로러 형식에서 실행되는 속성이며 red와 15는 각각 background–color와 font–size의 속성 값이다. **스타일 태그는 html 문서의 헤드 부분에 설정**되며 type 속성을 text/javascript 또는 text/css로 설정한다. 익스플로러방식과 넷스케이프방식을 지원하는 형식은 다음과 같다.

익스플로러 방식:

```
<style type="text/css">
{
 스타일 속성정의
}
</style>
```

예12.3)
```
<style> // type="text/css"를 생략한 경우
 {
 back-groundcolor:red
 font-size:15
 }
</style>
```

넷스케이프 방식:

```
<style type="text/javascript">
 스타일 속성정의
</style>
```

예12.4)
```
<style type="text/javascript">
backgroundcolor="green"
fontsize=15
</style>
```

예12.5)
```
<p style="color='red'"> 글자색:빨강색</p>
```

NOTE

이 예는 스타일 태그 안에 스타일을 개별적으로 정의한 것이며 스타일 속성이 현재 지정된 태그에서만 적용된다.

따라하기

ch12-1.html

```
<html>
<head>
<title> 스크립트에 오신 것을 환영합니다.</title>
<h3> 이것은 스타일시트에 대한 내용입니다.</h3>
<style type="text/javascript">
document.tags.h4.color="blue";
document.tags.h3.color="green";
document.tags.h2.color="red";
document.tags.h1.color="cyan";
</style>
</head>
<body>
<h4> 게임정보학과 </h4>
<h3> 컴퓨터 정보통신학과 </h3>
<h2> 멀티미디어 정보학과 </h2>
<h1> 인터넷 정보처리학과 </h1>
```

```
</body>
</html>
```

NOTE

이 프로그램은 넷스케이프를 이용한 스크립트 방식으로서 스타일 시트를 이용하여 4개의 제목을 h1, h2, h3, h4의 크기로 출력하는 내용이다. style type="text/javascript"는 넷스케이프 4.0부터 지원하는 스크립트의 형식이며 스타일 태그 안에는 h4, h3, h2, h1의 4개의 속성이 있다. h4, h3, h2, h1의 4개의 속성에 의해 제목 "게임정보학과", "컴퓨터정보통신학과", "멀티미디어 정보학과", "인터넷 정보처리학과"의 스타일이 지정된다.

따라하기

```
ch12-2.html
<html>
<head>
<title> 스크립트에 오신 것을 환영합니다.</title>
<h3> 이것은 스타일시트에 대한 내용입니다.</h3>
<style type="text/javascript">
document.tags.body.backgroundcolor="yellow";
document.tags.h1.fontfamily="helvetica";
document.tags.h1.fontsize=15;
document.tags.h1.textalign="center";
document.tags.p.fontsize=20;
document.tags.p.background="green";
</style>
</head>
<body>
<h1> 이것은 스크립트입니다.</h1>
<p> 스크립트는 아름답습니다.</p>
```

```
</body>
</html>
```

NOTE

이 프로그램은 넷스케이프를 이용한 스크립트 방식으로서 스타일 시트를 이용하여 2개의 제목 h1과p의 내용을 출력하는 내용이다. style type="text/javascript"는 넷스케이프의 형식이며 스타일태그 안의 속성은 6개로 구성되어 있다. 먼저 body의 배경 색은 "yellow"로 설정되었으며 fontfamily=""helvetica", fontsize=15, textalign="center"는 h1을 정의하는 속성이다. 그리고 fontsize=20, background="green"은 p를 정의하는 속성이다.

따라하기

ch12-3.html

```
<html>
<head>
<title> 스크립트에 오신 것을 환영합니다.</title>
<h3> 이것은 스타일시트에 대한 내용입니다.</h3>
<style>
h1{
font-style:"italic";
font-family:"serif";
font-size:15;
}
h2{
font-style:"oblique";
font-family:"helvetica";
font-size:20;
}
</style>
```

```
</head>
<body>
<h1> 멀티미디어 정보학과 </h1>
<h2> 인터넷 정보처리학과 </h2>
</body>
</html>
```

NOTE

이 프로그램은 익스플로러를 이용한 css 방식으로서 여러 개의 스타일을 정의하는 내용이다. 먼저 h1, h2 두 개의 스타일을 정의한다. h1 스타일은 "<h1> 멀티미디어 정보학과 </h1>"에 적용되며 h2 스타일은 "<h2> 인터넷 정보처리학과 </h2>"에 적용된다.

12.2 Tag Attribute

Tag attribute는 스크립트 처리를 위한 명령어 처리 속성으로서 제목, 문단 등의 배경 색, 폰트크기, 텍스트 정렬 등과 같은 스크립트 명령어 스타일을 정의하기 위해 사용된다. 이러한 스타일을 정의하기 위해 사용되는 tag 형식은 다음과 같다.

tag의 attribute:

tags.tagID.property=value;

tagID: //문장 또는 제목 등 즉 body, h1, h2, h3, P 등을 정의할 때 사용하는 html 태그

property: //backgroundColor, fontstyle, fontsize 등을 정의할 때 사용하는 스타일 속성

value: //property를 나타내는 속성 값(예 yellow, 15, italic 등)

예12.6) tag.body.backgroundColor="yellow";

NOTE

이 문장에서 tagID는 body이며 property는 backgroundColor이고 터그의 속성 값 즉 value는 yellow이다. 즉 tag의 속성을 이용하여 배경 색을 노란 색으로 설정하라는 의미이다.

예12.7) tags.h1.fontsize=15;

NOTE

이 문장에서 tagID는 h1이고 property는 fontsize이며 fontsize의 크기를 15로 설정하라는 의미이다. 여기서 h1은 body 태그에서 작성된 문장을 나타낸다. 예를 들어 제목 h1을 〈h1〉 이것은 스크립트입니다.〈/h1〉 처럼 작성했다면 이 문장의 fontsize를 15로 설정하라는 의미이다.

예12.8) tag.h2.fontstyle="italic";

NOTE

이 문장은 tagID는 h2이고 property는 fontstyle이며 fontstyle은 italic이라는 의미이다.

따라하기

```
ch12-4.html
〈html〉
〈head〉
〈title〉 스크립트에 오신 것을 환영합니다.〈/title〉
〈h3〉 이것은 스타일시트의 tag에 대한 내용입니다.〈/h3〉
〈style type="text/javascript"〉
document.tags.body.backgroundcolor="orange";
document.tags.h1.fontfamily="fantasy";
document.tags.h1.fontsize=20;
document.tags.h1.fontstyle="normal";
```

```
document.tags.h2.fontfamily="Arial";
document.tags.h2.fontsize=18;
document.tags.h2.fontstyle="italic";
document.tags.p.fontsize=15;
document.tags.p.background="green";
</style>
</head>
<body>
<h1> 이것은 스크립트입니다.</h1>
<h2> 스크립트에 여러분을 초대합니다.</h2>
<p> 스크립트는 아름답습니다.</p>
</body>
</html>
```

NOTE

이 프로그램은 넷스케이프를 이용한 스크립트 방식으로서 스타일 시트를 이용하여 tag의 내용을 알아보는 코드이다. style type="text/javascript" 형식을 사용하며 배경 색은 orange로 설정한다. h1, h2는 fontfamily, fontsize, fontstyle의 3개의 속성을 사용하며 p는 fontsize와 background 2개의 속성을 사용하고 있다. 지정된 속성과 속성 값에 의해 결과가 화면에 출력된다.

12.3 ID Attribute

ID속성은 id를 만들어서 특정 html 요소를 노란색으로 지정하는 것처럼 스타일에 예외 규정을 적용하기 위해 사용된다. 이러한 id 속성을 정의하기 위해 사용되는 ids 형식은 다음과 같다.

ids의 형식:

ids.ID.ptoperty=value;

ID: //정의하고자 하는 ID 이름

따라하기

```
ch12-5.html
〈html〉
〈head〉
〈title〉 스크립트에 오신 것을 환영합니다.〈/title〉
〈h3〉 이것은 id속성에 대한 내용입니다.〈/h3〉
〈style type="text/javascript"〉
tags.body.backgroundColor="yellow";
tags.p.color="blue";
ids.lee.color="red";
〈/style〉
〈/head〉
〈body〉
〈p〉 제목: 목마와 숙녀〈br〉
    지은이: 박 인환〈br〉
    한 잔의 술을 마시고 〈/p〉
〈p id="lee"〉 우리는 버어지니아 울프의 생애와〈/p〉
〈p〉 목마를 타고 떠난 숙녀의 옷자락을〈br〉
    이야기한다. ...〈/p〉
〈h3〉 목마는 주인을 버리고 거저 방울소리만 울리며 〈/h3〉
〈h3 id="lee"〉 이 시는 박인환 선생님의 목마와 숙녀입니다.〈/h3〉
〈/body〉
〈/html〉
```

NOTE

이 프로그램은 넷스케이프를 이용한 스크립트 방식으로서 ids 속성을 이용하여 <p>문장과 <h3> 문장을 출력하는 내용이다.

ids의 ID는 lee이고 id="lee"로 설정된 문장[**<p id="lee"> 우리는 버어지니아 울프의 생애와</p>와 <h3 id="lee"> 이 시는 박인환 선생님의 목마와 숙녀입니다.</h3>**]은 빨간색으로 출력되며 배경 색은 노란색으로 설정되고 <p>문장은 파란색으로 출력된다.

따라하기

ch12-6.html

```
<html>
<head>
<title> 스크립트에 오신 것을 환영합니다.</title>
<style type="text/css">
body{background-Color="cyan";}
p{color="blue";}
#lee{color="red";}
</style>
</head>
<body>
<p> 제목: 목마와 숙녀<br>
    지은이: 박 인환<br>
    한 잔의 술을 마시고 </p>
<p id="lee"> 우리는 버어지니아 울프의 생애와</p>
<p> 목마를 타고 떠난 숙녀의 옷자락을<br>
    이야기한다. ...</p>
<h3> 목마는 주인을 버리고 거저 방울소리만 울리며 </h3>
<h3 id="lee"> 이 시는 박인환 선생님의 목마와 숙녀입니다.</h3>
</body>
</html>
```

NOTE

이 프로그램은 익스플로러를 이용한 css 방식으로서 출력된 결과와 내용은 그림12.5와 같다. ch12-6.html의 배경색은 cyan 색이다.

12.4 Font Processing

폰트 지정을 위해 사용되는 속성은 font이다. 폰트지정이란 스크립트 명령어 코드에서 사용되는 폰트를 지정하는 방식을 말한다. 폰트 속성지정은 CSS방식과 자바스크립트 방식으로 구분되며 앞에서 설명한 바와 같이 CSS방식은 (–)을 이용하여 나타내며 자바스크립트방식은 (–)을 이용하지 않는다. 이러한 폰트를 지정하는 속성으로는 폰트 종류를 지정하는 속성, 폰트 굵기를 지정하는 속성 그리고 폰트 스타일을 지정하는 속성 등이 있다.

▶ 폰트 종류를 지정하는 속성

폰트 종류를 지정하는 속성은 fontfamily이다. 만일 지정된 폰트가 없으면 기본 폰트가 사용되며 폰트 지정을 위해 사용되는 폰트 종류는 Arial, Cursive, fantasy, Helvetica, monospace, sans-serif, serif 등이 있다.

예12.9)

```
tags.h1.fontfamily="Arial"; //자바스크립트 방식
tags.h1.font-family="helvetica"; //CSS 방식
tags.h1.fontfamily="Cursive";
tags.h1.fontfamily="fantasy";
tags.h1.fontfamily="monospace";
tags.h1.fontfamily="sansserif";
tags.h1.fontfamily="serif";
```

NOTE

이 예는 폰트 종류를 지정하는 여러 속성을 예시하고 있다. 폰트 종류 지정속성은 앞에서 설명한 바와 같이 익스플로러에서 사용하는 형식과 넷스케이프에서 사용하는 형식이 다르다. **익스플로러 형식은 (–)을 사용하여 폰트 종류를 지정하며 넷스케이프 형식은 (–)을 사용하지 않는다.**

▶ 폰트 굵기를 지정하는 속성

폰트 굵기를 지정하는 속성은 fontweight이다. 폰트 굵기는 절대 굵기 지정방식과 숫자 지정방식으로 구분되며 절대 굵기 지정방식에는 bold, bolder, lighter, normal 등이 있으며 숫자지정 방식은 숫자를 이용하여 굵기를 지정하는 방식이다.

예12.10)
```
tags.h1.fontweight="bold"; //자바스크립트 방식
tags.h1.font-weight="normal" //CSS방식
tags.h1.fontweight="bolder";
tags.h1.fontweight="lighter";
```

▶ 폰트 스타일을 지정하는 속성

폰트 스타일을 지정하는 속성은 fontstyle이다. 일반적인 폰트 스타일 종류는 normal, italic, italic small-caps, oblique, oblique small-caps, small-caps등이 있다.

예12.11)
```
tags.h1.fontstyle="italic"; //자바스크립트 방식
tags.h1.font-style="oblique"; //CSS방식
tags.h1.fontstyle="normal";
tags.h1.fontstyle="italic small-caps";
tags.h1.fontstyle="oblique small-caps";
tags.h1.fontstyle="small-caps";
```

따라하기

ch12-7.html

```
<html>
<head>
<title> 스크립트에 오신 것을 환영합니다.</title>
```

```
<style type="text/javascript">
tags.body.backgroundColor="yellow";
tags.h1.fontsize=20;
tags.h1.fontstyle="oblique";
tags.h2.fontsize=15;
tags.h2.fontstyle="italic";
tags.h3.fontsize=20;
tags.h3.fontstyle="small-caps";
</style>
</head>
<body>
<h1> 내가 좋아하는 연예인 best 10</h1>
<h2> 내가 좋아하는 스포츠맨 best 10</h2>
<h3> 내가 좋아하는 음악가 best 10</h3>
</body>
</html>
```

NOTE

이 프로그램은 넷스케이프를 이용한 자바스크립트 방식으로서 폰트 크기와 폰트 스타일의 결과를 알아보기 위한 내용이다. 배경색을 노랑색으로 설정하고 h1의 속성과 속성 값은 fontsize=20;과 fontstyle="oblique";로 설정하고 h2의 속성과 속성 값은 fontsize=15;와 fontstyle="italic;으로 설정한다. 그리고 h3의 속성과 속성 값은 fontsize=20;과 fontstyle="smallcaps";로 설정한다. 설정된 값에 따라 화면에 h1, h2, h3의 내용이 출력된다.

따라하기

```
ch12-8.html
<html>
<head>
```

```
〈title〉 스크립트에 오신 것을 환영합니다.〈/title〉
〈style〉
body{
background-Color="orange";
}
h1{
font-size=20;
font-style="oblique";
}
h2{
font-size=15;
font-style="italic";
}
h3{
font-size=20;
font-style="small-caps";
}
〈/style〉
〈/head〉
〈body〉
〈h1〉 내가 좋아하는 연예인 best 10〈/h1〉
〈h2〉 내가 좋아하는 스포츠맨 best 10〈/h2〉
〈h3〉 내가 좋아하는 음악가 best 10〈/h3〉
〈/body〉
〈/html〉
```

NOTE

이 프로그램은 익스플로러를 이용한 css 방식으로서 결과와 내용은 위의 그림12.7과 같다.

12.5 Text Processing

텍스트지정이란 스크립트 명령어 코드에서 줄 사이의 간격, 텍스트장식, 텍스트정렬, 텍스트변환 등을 지정하는 방식을 말한다. 텍스트 속성지정은 CSS방식과 자바스크립트 방식으로 구분되며 CSS방식은 line-height처럼 (–)을 이용하여 나타내며 자바스크립트 방식은 lineheight처럼 (–)을 이용하지 않는다. 이러한 텍스트를 지정하는 속성으로는 줄 높이를 설정하는 속성, 텍스트를 장식하는 속성, 텍스트를 변환하는 속성, 텍스트를 정렬하는 속성 등이 있다.

▶ 줄 높이를 설정하는 속성

줄 높이를 설정하는 속성은 lineheight이다. 이 속성은 라인 사이의 간격을 지정하는 속성으로서 숫자, 길이, 백분율을 이용하여 라인 간격을 지정한다.

예12.12)

```
text1.p.lineheight=1.5; //자바스크립트 방식
p.text1{ line-height:1.5; } //CSS 방식
```

▶ 텍스트를 장식하는 속성

텍스트를 장식하는 속성은 text-decoration이다. 이 속성은 글자에 밑줄, 윗줄, 깜빡임, 가운데 통과 등의 여러 가지 효과를 지정하는 속성으로서 none, underline, overline, blink, line-through 등이 있다.

예12.13)

```
text1.p.textDecoration="blink"; //자바스크립트 방식
p.text1{ text-Decoration:overline; } //CSS 방식
text1.p.textdecoration="underline";
text1.p.textdecoration="none";
text1.p.textdecoration="line-through";
```

▶ 텍스트를 변환하는 속성

텍스트를 변환하는 속성은 textTranformation이다. 이 속성은 글자를 대문자로, 글자를 소문자로 변환하는 속성으로서 none, capitalize, uppercase, lowercase 등이 있다.

예12.14)
```
text1.p.texttranformation="uppercase"; //자바스크립트 방식
p.text1{ text-tansformation:capitalize; } //CSS 방식
text1.p.texttranformation="none";
text1.p.texttranformation="lowercase";
```

▶ 텍스트를 정렬하는 속성

텍스트를 정렬하는 속성은 textalign이다. 이 속성은 왼쪽으로 정렬할 것인지, 오른쪽으로 정렬할 것인지, 가운데로 정렬 할 것인지, 고르게 정렬 할 것인지를 나타내는 속성으로서 left, right, center, justify 등이 있다.

예12.15)
```
ext1.p.textalign="center"; //자바스크립트 방식
p.text1{ text-align:right; } //CSS 방식
text1.p.textalign="left";
text1.p.textalign="justify";
```

따라하기

```
ch12-9.html
<html>
<head>
<title> 스크립트에 오신 것을 환영합니다.</title>
<style type="text/javascript">
tags.body.backgroundColor="cyan";
ids.lee.fontsize=20;
ids.lee.texttransform="capitalize";
ids.lee.textDecoration="underline";
ids.lee.textAlign="center";
</style>
</head>
<body>
<p id="lee"> 제목:목마와 숙녀<br>
           지은이: 박인환<br>
```

```
    한 잔의 술을 마시고<br>
    우리는 버어지니아 울프의 생애와 <br>
    목마를 타고 떠난 숙녀의 옷자락을 이야기한다.<br>
              .....
</p>
</body>
</html>
```

NOTE

이 프로그램은 넷스케이프를 이용한 자바스크립트 방식으로서 텍스트의 지정 속성을 이용하여 텍스트의 출력을 알아보는 내용이다. 배경 색을 cyan 색으로 설정하고 ids 속성 id="lee"로 설정된 문장들이 text 지정속성 fontsize, texttansformation, textdecoration, textalign에 의해 결과 값이 출력된다.

따라하기

ch12–10.html

```
<html>
<head>
<title> 스크립트에 오신 것을 환영합니다.</title>
<style type="text/css">
body{background-Color="yellow";}
#lee{font-size=20;
text-transform="capitalize";
text-Decoration="underline";
text-Align="center";
</style>
</head>
<body>
<p id="lee"> 제목: 목마와 숙녀<br>
```

```
            지은이: 박인환<br>
    한 잔의 술을 마시고<br>
    우리는 버어지니아 울프의 생애와 <br>
    목마를 타고 떠난 숙녀의 옷자락을 이야기한다.<br>
            .....
</p>
</body>
</html>
```

NOTE

이 프로그램은 익스플로러를 이용한 css 방식이다.

12.6 Text Format Processing

텍스트 포맷 속성지정이란 스크립트 명령어 코드에서 여백, 경계선(테두리)와 내용간의 거리, 경계선(테두리) 두께, 경계선(테두리)색, 텍스트의 가로와 세로 등을 지정하는 방식을 말한다. 텍스트 포맷속성지정은 CSS방식과 자바스크립트 방식으로 구분되며 CSS방식은 (–)을 이용하여 나타내며 자바스크립트방식은 (–)을 이용하지 않는다. 이러한 텍스트포맷을 지정하는 속성으로는 여백 설정하는 속성, 경계선과 내용간의 거리를 설정하는 속성, 경계선의 두께를 설정하는 속성, 경계선의 스타일을 설정하는 속성, 경계선의 색을 설정하는 속성, 텍스트의 가로와 세로를 설정하는 속성 등이 있다.

▶ 여백 설정하는 속성

여백을 설정하는 속성은 margin이다. 이 속성은 여백을 자동으로 할 것인지, 왼쪽으로 할 것인지, 오른쪽으로 할 것인지, 위쪽으로 할 것인지, 아래쪽으로 할 것인지를 나타내는 속성이다. 이 속성은 css 방식과 자바스크립트 방식으로 구분되며 자바스크립트 방식은 margins()함수를 이용하여 여백을 설정한다.

margin-left/marginleft:왼쪽 여백
margin-right/marginright:오른쪽 여백
margin-top/margintop:위쪽 여백
margin-botton/marginbottom:아래쪽 여백
auto: 자동정렬

예12.16)
```
<style type="text/css">
 h1{ margin-top:5em;
 margin-right:5em;
 margin-bottom:7em;
 margin-left:5em;}
</style>
```

예12.17)
```
<style type="text/javascript">
 tags.h1.margins("5", "5", "7", "5");
</style>
```

▶ 경계선과 내용간의 거리를 설정하는 속성

경계선과 내용간의 거리를 설정하는 속성은 padding이다. 이 속성은 경계선과 내용과의 거리를 왼쪽으로 할 것인지, 오른쪽으로 할 것인지, 위쪽으로 할 것인지, 아래쪽으로 할 것인지를 나타내는 속성이다. 이 속성은 css 방식과 자바스크립트 방식으로 구분되며 자바스크립트 방식은 paddings()함수를 이용하여 경계선을 설정한다.

padding-left/paddingleft: 왼쪽 경계선과 내용과의 거리
padding-right/paddingright: 오른쪽 경계선과 내용과의 거리
padding-top/paddingtop: 위쪽 경계선과 내용과의 거리
padding-bottom/paddingbottom: 아래쪽 경계선과 내용과의 거리

예12.18)
```
<style type="text/css">
 h1{padding-top:4em;
 padding-left:5em;
 padding-right:5em;
 padding-bottom:4em;}
</style>
```

예12.19)
```
<style type="text/javascript">
  tags.h1.padding("4em", "5em", "5em", "4em");
</style>
```

▶ 경계선의 두께를 설정하는 속성

경계선의 두께를 설정하는 속성은 border-width이다. 이 속성은 왼쪽 경계선을 얼마로 설정할 것인지, 오른쪽경계선을 얼마로 설정할 것인지, 위쪽경계선을 얼마로 할 것인지, 아래쪽 경계선을 얼마로 할 것인지를 나타내는 속성이다. 이 속성은 css 방식과 자바스크립트 방식으로 구분되며 자바스크립트 방식은 borderwidths()함수를 이용하여 경계선의 두께를 설정한다.

border-left-width/borderleft: **왼쪽 경계선의 두께**
border-right-width/borderright: **오른쪽 경계선의 두께**
border-top-width/bordertop: **위쪽 경계선의 두께**
border-bottom-width/borderbottom: **아래쪽 경계선의 두께**

예12.20)
```
<style type="text/css">
  h1{border-left-width:3em;
  border-right-width:3em;
  border-top-width:4em;
  border-bottom-width:4em;}
</style>
```

예12.21)
```
<style type="text/javascript">
  tags.h1.borderwidths("3em", "3em", "4em", "4em");
</style>
```

▶ 경계선의 스타일을 설정하는 속성

경계선의 스타일을 설정하는 속성은 borderstyle이다. 이 속성은 경계선의 스타일을 solid로 할 것인지, 3D로 할 것인지를 나타내는 속성이다. 이 속성은 css 방식과 자바스크립트 방식으로 구분되며 자바스크립트 방식은 borderstyle()함수를 이용하여 경계선의 스타일을 설정한다.

▶ 경계선의 색을 설정하는 속성

경계선의 색을 설정하는 속성은 bordercolor이다. 이 속성은 경계선의 색을 지정하는 속성으로서 css 방식과 자바스크립트 방식으로 구분되며 자바스크립트 방식은 bordercolor()함수를 이용하여 경계선의 색을 설정한다.

▶ 텍스트의 가로와 세로를 설정하는 속성

텍스트의 가로와 세로를 설정하는 속성은 width와 height이다. 이 속성은 텍스트의 가로 너비와 세로 높이를 설정하는 속성이다.

따라하기

```
ch12-11.html
<html>
<head>
<title> 스크립트에 오신 것을 환영합니다.</title>
<style type="text/css">
body{background-Color="yellow";}
#lee{font-size=20;
text-indent:8;
text-Align="center";
border-top-width:3em;
border-right-width:5em;
border-left-width:5em;
border-bottom-width:3em;
}
#bo{border-style:solid;
border-color:red;
line-height:1.5;
margin-left:5em;
margin-right:5em;
```

```
}
</style>
</head>
<body>
<p id="lee"> 제목: 목마와 숙녀<br>
            지은이: 박인환<br>
    한 잔의 술을 마시고<br>
    우리는 버어지니아 울프의 생애와 <br>
    목마를 타고 떠난 숙녀의 옷자락을 이야기한다.<br>
                .....
</p>
<p id="bo"> 목마는 주인을 버리고 <br>
            거저 방울 소리만 울리며 <br>
</p>
</body>
</html>
```

NOTE

이 프로그램은 익스플로러를 이용한 css 방식으로서 텍스트의 포맷 속성을 알아보는 내용이다. ids 속성 #lee와 #bo로 설정된 텍스트 포맷들이 <p id="lee">와 <p id="bo">로 설정된 문장들의 결과 값을 출력한다.

12.7 Background Processing

Background processing이란 스크립트 명령어 코드에서 배경 색을 지정하는 방식을 말한다. 배경 색을 설정하는 속성은 backgroundColor이며 RGB()함수를 이용하여 색상을 설정한다. 색상과 배경이미지 속성지정은 CSS방식과 자바스크립트 방식으로 구분되며 CSS방식은 (–)을 이용하여 나타내며 자바스크립트방식은 (–)을 이용하지 않는다.

▶ 글자색과 배경 색

글자색과 배경 색은 글자와 배경을 다양하게 설정하기 위해 사용된다. 글자색 지정은 color이며 배경 색 지정은 background-color(backgroundColor)이다. 이 속성은 글자색과 배경 색을 지정하기 위해 사용된다.

▶ 배경 그림

배경그림은 배경 이미지를 설정하기 위해 사용된다.

배경 이미지 지정은 backgroundImage(background-Image)이며 배경이미지로 사용될 URL 주소를 지정해야한다.

▶ 디스플레이

디스플레이는 디스플레이 요소를 지정할 때 사용된다. 디스플레이 요소 지정은 인라인 요소를 지정하는 〈em〉〈/em〉태그, 블록단위 요소를 지정하는 〈h1〉태그, 블록단위 리스트 요소를 지정하는 〈li〉태그로 구성되어 있다. 인라인 요소를 지정하고자 할 때는 inline을 사용하며 블록단위를 지정하고자 할 때는 block를 사용한다. 그리고 블록단위 리스트를 지정할 때는 list-item을 사용한다.

디스플레이 구조:

```
<style>
p{display:block;}
em{display:inline;}
li{display:list-item;}
img{display:none;}
</style>
```

▶ 공백

공백은 띄어쓰기가 되어 있는 부분을 지정하기 위해 사용된다. 공백의 지정은 whiteSpace(white-Space)이며 normal과 pre 속성을 사용한다. normal은 띄어쓰기를 무시하며 pre는 공백을 포함한 미리 지정된 형식으로 처리하는 속성이다.

따라하기

ch12-12.html

```
<html>
<head>
<title> 스크립트에 오신 것을 환영합니다.</title>
<style type="text/css">
body{background-Color="white";}
#lee{font-size=20;
background-color:"yellow";
color:red;
}
</style>
</head>
<body>
<p id="lee"> 제목: 목마와 숙녀<br>
           지은이: 박인환<br>
   한 잔의 술을 마시고<br>
   우리는 버어지니아 울프의 생애와 <br>
   목마를 타고 떠난 숙녀의 옷자락을 이야기한다.<br>
              .....
</p>
</body>
</html>
```

NOTE

이 프로그램은 익스플로러를 이용한 css 방식으로서 색상과 배경이미지 속성을 알아보는 내용이다. ids 속성 #lee로 설정된 색상과 배경이미지 속성에 의해서 <p id="lee">로 설정된 문장들의 결과 값을 출력한다.

12.8 Class Processing

Class processing 지정은 스크립트 명령어 코드의 효율성을 향상시키기 위한 기능으로서 특정 문서의 데이터 표시, 문서의 수정사항 삽입 등을 정의하기 위해 사용된다. 이러한 클래스를 정의하기 위한 속성은 classes이며 classes의 형식은 다음과 같다.

classes의 형식:

classes.classname.tag.property=value;
classname: 정의되는 클래스의 이름
tag: 정의되는 태그의 이름

예12.22)
```
<style type="text/css">
   p.lee{background-color:yellow; // lee는 class 이름
   text-align:right;
   }
   h1.bo{color:red; // bo는 class 이름
   text-decoration:underline;
  }
</style>
```

예12.23)
```
<style type="text/javascript">
   classes.lee.p.backgroundColor="yellow";
   classes.lee.p.textalign="right";
   classes.bo.h1.color="red";
   classes.bo.h1.textdecoration="underline";
</style>
```

따라하기

```
ch12-13.html
〈html〉
〈head〉
```

```
<title> 스크립트에 오신 것을 환영합니다.</title>
<style type="text/css">
body{background-Color="yellow";}
p.lee{font-size:20;
text-decoration:underline;
fontstyle:oblique;
color:red;
background-color:green;
text-indent:8;
text-Align="center";
border-top-width:3em;
border-right-width:5em;
border-left-width:5em;
border-bottom-width:3em;
}
h3.bo{border-style:solid;
border-color:red;
line-height:1.5;
margin-left:5em;
margin-right:5em;
color:blue;
}
</style>
</head>
<body>
<p class="lee"> 제목: 목마와 숙녀<br>
            지은이: 박인환<br>
    한 잔의 술을 마시고<br>
    우리는 버어지니아 울프의 생애와 <br>
    목마를 타고 떠난 숙녀의 옷자락을 이야기한다.<br>
```

```
                  .....
</p>
<h3 class="bo"> 목마는 주인을 버리고 <br>
             거저 방울 소리만 울리며 <br>
</h3>
</body>
</html>
```

NOTE

이 프로그램은 익스플로러를 이용한 css 방식으로서 class의 내용을 알아보는 내용이다. 두 개의 class p.lee와 h3.bo에 설정된 속성에 의해서 <p class="lee">와 <h3 class="bo">로 설정된 문장들의 결과 값을 출력한다.

제 13 장

Scripts Layer

13.1 Layer Tag

〈layer〉태그는 스타일시트 태그와는 달리 〈body〉 **부분에서 레이어를 설정한다.** 레이어는 레이어 속성을 이용하여 크기, 위치, 배경 색, 이미지 등을 설정하며 레이어가 두 개 이상이면 속성 값이 높은 쪽이 위로 간다. 레이어는 레이어의 위치, 크기 등이 고정된 고정〈layer〉태그와 레이어의 크기, 위치 등이 고정되지 않고 유동적인 유동〈ilayer〉태그 두 가지가 있다. 첫째 고정〈layer〉태그는 레이어의 속성 top과 left를 이용하여 위치를 고정하며 레이어 속성 top과 left가 지정되지 않으면 위치가 디폴트로 정해진다. 둘째 유동〈ilayer〉는 위치가 지정되는 레이어로서 레이어의 내용은 왼쪽에서 오른쪽으로 출력된다. 이러한 고정〈layer〉와 유동〈layer〉 형식은 다음과 같다.

레이어 형식:

1) 고정〈layer〉 형식: 〈layer attributes〉
html 문서 작성//layer의 내용
〈/layer〉

2) 유동〈ilayer〉형식: 〈ilayer attributes〉
html 문서 작성 //layer의 내용
〈/ilayer〉

레이어의 형식:attributes의 속성들→
{id=layer_name top= 픽셀 값 left=픽셀값}
id=layer_name: 레이어의 이름
top=픽셀값: 브라우저 화면 위쪽에서부터 떨어진 픽셀 값
left=픽셀값: 브라우저 화면 왼쪽에서부터 떨어진 픽셀 값

예13.1)
```
<layer id=lee top=50 left=80>
  이것은 스크립트입니다.
</layer>
```

NOTE

이 문장에서 레이어의 형식은 id=lee top=50 left=80이다. 여기서 id=lee는 레이어의 이름이고 top=50 left=80은 레이어의 위치를 나타내는 값으로서 top=50은 브라우저 위에서 50 픽셀만큼 떨어져 있으며 left=80은 왼쪽에서 80 픽셀만큼 떨어져 있다는 것을 의미한다. 그리고 "이것은 스크립트입니다."라는 문장은 레이어의 내용이다.

따라하기

```
ch13-1.html
<html>
<head>
<title> 스크립트에 오신 것을 환영합니다.</title>
</head>
<body>
<layer id=lee1 top=30 left=50>
이것은 스크립트입니다.
</layer>
<layer id=lee2 top=100 left=100>
스크립트는 아름답다.
</layer>
<layer id=lee3 top=150 left=150>
스크립트는 간결하다.
</layer>
<layer id=lee4 top=200 left=200>
스크립트는 매력적이다.
</layer>
</body>
</html>
```

NOTE

이 프로그램은 고정<layer>태그를 알아보는 내용이다. 레이어는 id=lee1, id=lee2, id=lee3, id=lee4 개로 구성되어 있으며 각 레이어에는 레이어의 속성 top과 left가 있다. 첫 번째 러 이어의 이름은 id=lee1이고 레이어의 내용은 "이것은 스크립트입니다."이다. 이때 top=30은 레이어의 내용"이것은 스크립트입니다."가 브라우저 화면의 위에서 30픽셀 떨어진 곳에 있으며 left=50은 왼쪽에서 50프셀 떨어진 곳의 위치에 있다는 것을 의미한다. 나머지 레이어 id=lee2, id=lee3, id=lee4의미는 id=lee1과 같다.

따라하기

```
ch13-2.html
<html>
<head>
<title> 스크립트에 오신 것을 환영합니다.</title>
</head>
<body>
<p>
<ilayer id=lee1>
이것은 스크립트입니다.<br>
</ilayer>
<ilayer id=lee2>
자바스크립트는 아름답다.<br>
</ilayer>
<ilayer id=lee3>
스크립트는 간결하다.<br>
</ilayer>
<ilayer id=lee4>
스크립트는 매력적이다.<br>
</ilayer>
</body>
</html>
```

NOTE

이 프로그램은 유동〈ilayer〉태그를 알아보는 내용이다. ilayer의 이름은 id=lee1, id=lee2, id=lee3, id=lee4로 구성되어 있으며 각 〈ilayer〉태그 안에 ilayer의 내용이 들어 있다. 이 태그에서는 〈layer〉태그에서처럼 속성 top과 left를 사용하지 않아 레이어의 내용을 출력할 때 위치가 속성 값에 의해 고정되지 않고 현재 위치에서 레이어의 내용이 출력된다.

13.2 Layer Attributes

레이어 태그는 브라우저 화면에서 레이어의 속성을 이용하여 위치와 크기 등 여러 가지 정보들을 설정한다. 이처럼 레이어에서 정보들을 설정하기 위해 사용되는 레이어의 구조와 속성은 다음과 같다.

▶ 레이어의 구조

```
<layer [id="layer_name"]
        [left=left_location]
        [top=top_location]
        [pagex=x_location]
        [pagey=y_location]
        [src="htmlsource_location]
        [z-index=order]
        [above=layer_name]
        [below=layer_name]
        [width=size]
        [height=size]
        [clip=left,top,right,bottom]
        [visibility=show or hidden or inherit]
        [bgcolor="color"]
```

```
        [background="image_location"]
        [onMouseOver=이벤트 핸들러]
        [onMouseOut=이벤트 핸들러]
        [onFocus=이벤트 핸들러]
        [onBlur=이벤트 핸들러]
        [onLoad=이벤트 핸들러]>
</layer>
```

〈표13.1〉 레이어의 속성

속 성	기 능 설 명
id	레이어의 이름
left	브라우저 화면 왼쪽에서부터 떨어진 픽셀 값
top	브라우저 화면 위쪽에서부터 떨어진 픽셀 값
width	레이어의 너비(즉 가로)
height	레이어의 높이(즉 세로)
pagex	html 문서페이지와 관련된 왼쪽에 위치한 레이어
pagey	html 문서페이지와 관련된 위쪽에 위치한 레이어
src	레이어의 내용에 들어갈 URL주소
z-index	레이어의 위치
above	정의된 레이어의 바로 위의 레이어
below	정의된 레이어의 바로 아래의 레이어
clip	실제로 화면에 보여줄 영역지정(즉 클리핑 영역지정)
visibility	레이어를 보이기 또는 감추기 기능
bgcolor	레이어의 배경 색 RGB값 또는 색 이름
background	레이어의 배경이미지 지정

따라하기

ch13-3.html

```
<html>
```

```
<head>
<title> 스크립트에 오신 것을 환영합니다.</title>
</head>
<body>
<p>
<layer id=lee1 top=20 left=30 width=400 height=50>
한 잔의 술을 마시고 우리는 버어지니아 울프의 생애와 목마를 타고 떠난 숙녀의 옷자락을 이야기한다.
목마는 주인을 버리고 거저 방울소리만 울리며 가을 속으로 떠났다. 술병에서 별이 떨어진다.<br>
</layer>
<layer id=lee2 top=100 left=50>
그러한 잠시 내가 알던 소녀는<br>
정원의 초목 옆에서 자라고<br>
문학이 죽고 인생이 죽고<br>
사랑의 진리마저 애증의 그림자를 버릴 때<br>
목마를 탄 사랑의 사람은<br>
보이지 않는다.<br>
세월은 가고 오는 것<br>
</ilayer>
</body>
</html>
```

NOTE

이 프로그램은 레이어의 속성을 이용하여 레이어의 내용을 알아보는 스크립트 코드이다. 첫 번째 layer id=lee1은 top=20 left=30 width=400 height=50으로 레이어 속성이 설정되었으며 두 번째 레이어 id=lee2는 top=100 left=50으로 레이어 속성이 설정되었다. 설정된 레이어의 속성에 의해 레이어의 내용이 출력된다.

따라하기

ch13-4.html

```
<html>
<head>
<title> 스크립트에 오신 것을 환영합니다.</title>
</head>
<body>
<p>
<layer id=lee1 top=30 left=20 width=400 height=100 bgcolor=yellow>
<h3>한 잔의 술을 마시고 우리는 버어지니아 울프의 생애와 목다를 타고
떠난 숙녀의 옷자락을 이야기한다.</h3>
<layer top=20 left=20 width=200 height=50 bgcolor=white>
<h4>그러한 잠시 내가 알던 소녀는
정원의 초목 옆에서 자라고<h4>
</layer>
<layer id=lee2 top=100 left=50 width=250 height=100 bgcolor=red>
그러한 잠시 내가 알던 소녀는
정원의 초목 옆에서 자라고
</layer>
</body>
</html>
```

NOTE

이 프로그램은 레이어의 여러 속성정보를 이용하여 레이어의 내용을 알아보는 스크립트 코드이다. 첫 번째 레이어〈layer id=lee1 top=30 left=20 width=400 height=100 bgcolor=yellow〉는 레이어의 이름을 id=lee1으로 설정하고 위쪽 픽셀 30, 왼쪽 픽셀 20, 가로 400, 세로 100, 그리고 레이어의 배경 색을 노랑으로 설정하였다. 두 번째 레이어 〈layer top=20 left=20 width=200 height=50 bgcolor=white〉는 위쪽 픽셀 20, 왼쪽 픽셀 20, 가로200, 세로 50, 배경 색 노랑을 설정하였으며 설정된 속성 값에 의해 레이어의 내용이 첫 번째 레이어에 중첩되어 나타난다. 그리고 〈layer id=lee2 top=100 left=50 width=250 height=100 bgcolor=red〉도 레이어 이름 id=lee2 위쪽 픽셀 100, 왼쪽 픽셀 50, 가로250,세로 100 배경 색 빨강을 설정하였으며 설정된 속성 값에 의해 레이어의 내용이 첫 번째 레이어에 중첩되어 나타남을 알 수 있다. 이러한 레이어 설정은 애니메이션들을 효과적으로 구현할 수 있으며 멀티미디어 기능 등을 간단하게 구현할 수 있도록 해준다.

따라하기

ch13-5.html

```
〈html〉
〈head〉
〈title〉 스크립트에 오신 것을 환영합니다.〈/title〉
〈/head〉
〈body〉
〈p〉
〈layer id=lee1 top=30 left=20 width=400 height=200
background="lionking2.jpeg"〉
〈h2〉이것은 자바스크립트입니다.〈/h2〉
〈/layer〉
〈/body〉
〈/html〉
```

NOTE

이 프로그램은 레이어의 배경이미지를 이용하여 레이어의 내용을 알아보는 스크립트 코드이다.
〈layer id=lee1 top=30 left=20 width=400 height=200 background="lionking2.jpeg"〉에서 배경이미지 즉 background를 lionking2.jpeg로 설정하여 레이어의 내용을 화면에 출력한다.

13.3 Layer Processing

Layer processing을 수행하기 위해서는 레이어 객체를 정의해야 한다. 정의된 레이어 객체는 레이어의 이동, 위치변경 등 레이어의 동작과 상태 등을 제어하게 된다. 이러한 레이어의 동작과 상태 등을 제어하는 레이어 객체의 속성과 메소드는 다음과 같다.

〈표13.2〉 layer 객체의 속성

속 성	기 능 설 명
name	레이어의 이름
left	브라우저 화면 왼쪽에서부터 떨어진 픽셀 값
top	브라우저 화면 위쪽에서부터 떨어진 픽셀 값
pagex	html 문서페이지와 관련된 왼쪽에 위치한 레이어
pagey	html 문서페이지와 관련된 위쪽에 위치한 레이어
width	레이어의 너비(즉 가로)
height	레이어의 높이(즉 세로)
clip.top	클리핑영역(위쪽영역)
clip.left	클리핑영역(왼쪽영역)
clip.right	클리핑영역(오른쪽영역)
clip.bottom	클리핑 영역(아래 쪽 영역)
bgcolor	레이어의 배경 색
background	레이어의 이미지배경

〈표13.2〉 layer 객체의 속성(계속)

속　　성	기　능　　설　명
clip.bottom	클리핑 영역(아래 쪽 영역)
bgcolor	레이어의 배경 색
background	레이어의 이미지배경
zindex	레이어의 위치
visibility	레이어를 보이기 또는 감추기 기능
src	레이어의 내용에 포함될 URL주소
above	정의된 레이어의 바로 위의 레이어
below	정의된 레이어의 바로 아래의 레이어
parantLayer	레이어의 바로 위의 레이어 즉 레이어의 부모 레이어
siblingAbove	부모 레이어와 같은 계층에 있는 레이어
siblingbelow	레이어의 바로 아래의 레이어

따라하기

```
ch13-6.html
<html>
<head>
<title> 스크립트에 오신 것을 환영합니다.</title>
<script language="javascript">
function layer1(){
var val=window.document.leeform.left;
window.document.leeform.left=val-10;
}
function layer2(){
var val=window.document.leeform.top;
window.document.leeform.top=val-10;
}
function layer3(){
```

```
var val=window.document.leeform.top;
window.document.leeform.top=val+10;
}
function layer4(){
var val=window.document.leeform.left;
window.document.leeform.left=val+10;
}
</script>
</head>
<body>
<form name="leeform">

왼쪽 이동:<input type="button" value="왼쪽 이동" onClick="layer1()"><br>
위쪽 이동:<input type="button" value="위쪽 이동" onClick="layer2()"><br>
아래쪽이동:<input type="button" value="아래쪽이동" onClick="layer3()"><br>
오른쪽이동:<input type="button" value="오른쪽이동" onClick="layer4()"><br>
</form>
<layer id=lee top=50 left=200 width=300 height=100 bgcolor="yellow">
<h3> 스크립트는 넷스케이프사와 선 마이크로 시스템사가 공동으로 개발한
새로운 프로그래밍언어로서 html문서에 직접 삽입하여 작성할 수 있는 언어이
다.</h3>
</layer>
</body>
</html>
```

NOTE

이 프로그램은 레이어의 객체를 이용하여 레이어의 내용을 알아보는 스크립트 코드이다. layer1(), layer2(), layer3(), layer4()의 4개의 함수를 이용하여 레이어의 위치를 설정한다. 〈layer id=lee top=50 left=200 width=300 height=100 bgcolor=yellow〉는 레이어의 내용 즉 〈h3〉〈/h3〉태그로 지정된 레이어의 내용을 위쪽에서 50픽셀, 왼쪽에서 200픽셀 위치한 곳에 레이어의 너비는 300, 레이어의 높이는 100으로 설정하고 레이어의 배경 색을 노랑으로 설정하라는 의미이다.

따라하기

```
ch13-7.html
〈html〉
〈head〉
〈title〉 스크립트에 오신 것을 환영합니다.〈/title〉
〈h5〉 이것은 레이어의 내용보기와 src에 관한 것입니다.〈/h5〉
〈script language="javascript"〉
function move1layer1(){
window.document.layers[0].visibility="move1";
}
function move2layer2(){
window.document.layers[0].visibility="move2";
}
function layer3(){
window.document.layers[0].src="layer1.html";
}
function layer4(){
window.document.layers[0].src="layer2.html";
}
〈/script〉
〈/head〉
```

```
<body>
<form name="leeform">
레이어보기1:<input type="button" value="레이어보기1"
onClick="move1layer1()"> <br>
레이어보기2:<input type="button" value="레이어보기2"
onClick="move2layer2()"> <br>
레이어3:<input type="button" value="레이어3내용" onClick="layer3()"> <br>
레이어4:<input type="button" value="레이어4내용" onClick="layer4()"> <br>
</form>
<layer id=lee top=50 left=250 width=300 height=100 bgcolor=yellow>
</layer>
</body>
</html>

layer1.html
<html>
<body>
<h3>한 잔의 술을 마시고 우리는 버어지니아 울프의 생애와
목마를 타고 떠난 숙녀의 옷자락을 이야기한다.</h3>
</body>
</html>
layer2.html
<html>
<body>
<h3>목마는 주인을 버리고 거저방울 소리만 울리며
가을 속으로 떠났다. 술병에서 별이 떨어진다.</h3>
</body>
</html>
```

NOTE

이 프로그램은 레이어 객체의 visibility와 src의 내용을 알아보는 내용이다. 먼저 move1layer1()함수와 move2layer2()함수는 visibility move1과 move2를 지정하며 layer3()함수와 layer4()는 layer3.html 문서와 layer4.html 문서를 지정한다. 따라서 브라우저 화면에 출력된 각각의 버튼 "레이어3내용", "레이어4내용"을 클릭하면 html 문서에서 작성된 "레이어3내용"과 "레이어4내용"이 나타나게 된다.

〈표13.3〉 layer 메소드

메 소 드	기 능 설 명
moveBy(x, y)	레이어의 위치를 입력된 거리만큼 이동시키는 메소드
moveTo(x, y)	레이어의 위치를 지정된 거리만큼 이동시키는 메소드
resizeBy(w, h)	레이어의 크기(가로, 세로)를 동적으로 바꾸어 주는 메소드 w는 레이어의 가로,h는 레이어의 세로 (매개변수의 입력된 값에 의해 결정)
resizeTo(w, h)	레이어의 크기(가로, 세로)를 동적으로 바꾸어 주는 메소드 w는 레이어의 가로,h는 레이어의 세로(매개변수의 지정된 값에 의해 결정)
moveAbove(layer)	현재 지정된 레이어를 위로 이동하는 메소드
movebelow(layer)	현재 지정된 레이어를 아래로 이동하는 메소드
load(source, w)	레이어 안에 있는 html 파일을 읽어들이는 메소드 source는 레이어 안에서 보여줄 html 문서의 URL 주소이고 w는 레이어의 너비

따라하기

```
ch13-8.html
〈html〉
〈head〉
〈title〉 스크립트에 오신 것을 환영합니다.〈/title〉
〈h5〉 이것은 레이어의 moveto에 관한 것입니다.〈/h5〉
〈script language="javascript"〉
function layer1(){
window.document.leeform.moveto(-7,0)";
```

```
}
function layer2(){
window.document.leeform.moveto(0, -7)";
}
function layer3(){
window.document.leeform.moveto(0, 7)";
}
function layer4(){
window.document.leeform.moveto(7, 0)";
}
</script>
</head>
<body>
<form name="leeform">
레이어이동1:<input type="button" value="레이어이동1"
 onClick="layer1()"> <br>
레이어이동2:<input type="button" value="레이어이동2"
onClick="layer2()"> <br>
레이어이동3:<input type="button" value="레이어이동3"
 onClick="layer3()"> <br>
레이어이동4:<input type="button" value="레이어이동4"
onClick="layer4()"> <br>
</form>
<layer id=lee top=80 left=250 width=300 height=100 bgcolor="yellow">
<h3> 한 잔의 술을 마시고 우리는 버어지니아 울프의 생애와
목마를 타고 떠난 숙녀의 옷자락을 이야기한다.</h3>
</layer>
</body>
</html>
```

NOTE

이 프로그램은 레이어 객체의 메소드 moveto의 내용을 알아보는 스크립트 코드이다. layer1(), layer2(), layer3(), layer4()의 4개의 함수에 의해 moveto()메소드함수가 지정되며 moveto()메소드 함수는 매개변수 (−7, 0), (0, −7), (0, 7), (7, 0)를 지정된 위치로 이동시키게 된다.

따라하기

```
ch13-9.html
<html>
<head>
<title> 스크립트에 오신 것을 환영합니다.</title>
<h4> 스크립트에 오신 것을 환영합니다!</h4>
</head>
<script language="javascript">
function showmove(){
var dog=window.document.heading.visibility="show"
}
</script>
<style type="text/javascript">
tags.h1.color="yellow"
</style>
<body bgcolor="blue" onLoad="showmove()">
<layer name="heading" visivility="show" left=50 top=50>
</layer>
<layer name="dog" visibility="show" above="heading"
left=0 top=150>
<img src="Dog.gif">
</layer>
</body>
</html>
```

NOTE

이 프로그램은 showmove()함수를 이용하여 Dog.gif 파일의 애니메이션 효과를 알다보기 위한 내용이다. 화면의 배경색을 파란색으로 설정하였으며 설정된 배경 위에 Dog.gif의 내용이 나타나게 된다.

부 록

<부록> 색상설정을 위한 RGB(Red Green Blue) 테이블

색 상	R(Red)	G(Green)	B(Blue)
aliceblue	F0	F8	FF
antiquewhite	FA	EB	D7
aqua	00	FF	FF
aquamarine	7F	FF	D4
azure	F0	FF	FF
beige	F5	F5	DC
bisque	FF	E4	C4
black	00	00	00
blanchedalmond	FF	EB	CD
blue	00	00	FF
blueviolet	8A	2B	E2
brown	A5	2A	2A
burlywood	DE	B8	87
cadetblue	5F	9E	A0
chartreuse	7F	FF	00
chocolate	D2	69	1E
coral	FF	7F	50
cornflowerblue	64	95	ED
cornsilk	FF	F8	DC
crimson	DC	14	3C
cyan	00	FF	FF
darkblue	00	00	8B
darkcyan	00	8B	8B
darkgoldenrod	B8	86	0B
darkgray	A9	A9	A9
darkgreen	00	64	00
darkkhaki	BD	B7	6B
darkmagenta	8B	00	8B
darkolivegreen	55	6B	2F
darkorange	FF	8C	00
darkorchid	99	32	CC
darkred	BB	00	00
darksalmon	E9	96	7A
darkseagreen	8F	BC	8F
darkslateblue	48	3D	8B
darkslategray	2F	4F	4F
darkturquoise	00	CE	D1
darkviolet	94	00	D3
deeppink	FF	14	93
deepskyblue	00	BF	FF
dimgray	69	69	69

<부록> 색상설정을 위한 RGB(Red Green Blue) 테이블(계속)

색 상	R(Red)	G(Green)	B(Blue)
dodgerblue	1E	90	FF
firebrick	B2	22	22
floralwhite	FF	FA	F0
forestgreen	22	8B	22
fuchsia	FF	00	FF
grainsboro	DC	DC	DC
ghostwhite	F8	F8	FF
gold	FF	D7	00
goldenrod	DA	A5	20
gray	80	80	80
green	00	80	00
greenyellow	AD	FF	2F
honeydew	F0	FF	F0
hotpink	FF	69	B4
indianred	CD	5C	5C
indigo	4B	00	82
ivory	FF	FF	F0
khaki	F0	E6	8C
lavender	E6	E6	FA
lavenderblush	FF	F0	F5
lawngreen	7C	FC	00
lemonchiffon	FF	FA	CD
lightblue	AD	D8	E6
lightcoral	F0	80	80
lightcyan	E0	FF	FF
lightgoldenrodyellow	FA	FA	D2
lightgreen	90	EE	90
lightgrey	D3	D3	D3
lightpink	FF	B6	C1
lightsalmon	FF	A0	7A
lightseagreen	20	B2	AA
lightskyblue	87	CE	FA
lightslategray	77	88	99
lightsteelblue	B0	C4	DE
lightyellow	FF	FF	E0
lime	00	FF	00
limegreen	32	CD	32
linen	FA	F0	E6
magenta	FF	00	FF
maroon	80	00	00
mediumaqyamarine	66	CD	AA

<부록> 색상설정을 위한 RGB(Red Green Blue) 테이블(계속)

색　　상	R(Red)	G(Green)	B(Blue)
mediumblue	00	00	CD
mediumorchid	BA	55	D3
mediumpurple	93	70	DB
mediumseagreen	3C	B3	71
mediumsleatblue	7B	68	EE
mediumspringgreen	00	FA	9A
mediumturquoise	48	D1	CC
mediumvioletred	C7	15	85
midnightblue	19	19	70
mintcream	F5	FF	FA
mistyrose	FF	E4	E1
moccasin	FF	E4	B5
navajowhite	FF	DE	AD
navy	00	00	80
oldlace	FD	F5	E6
olive	80	80	00
olivedrab	6B	8E	23
orange	FF	A5	00
orangered	FF	45	00
orchid	DA	70	D6
palegoldenrod	EE	E8	AA
palegreen	98	FB	98
paleturquoise	AF	EE	EE
palevioletred	DB	70	93
papayawhip	FF	EF	D5
peachpuff	FF	DA	B9
peru	CD	85	3F
pink	FF	C0	CB
plum	DD	A0	DD
powderblue	B0	E0	E6
purple	80	00	80
red	FF	00	00
rosybrown	BC	8F	8F
royalblue	41	69	E1
saddlebrown	8B	45	13
salmon	FA	80	72
sandybrown	F4	A4	60
seagreen	2E	8B	57
seashell	FF	F5	EE
sienna	A0	52	2D
silver	C0	C0	C0

<부록> 색상설정을 위한 RGB(Red Green Blue) 테이블(계속)

색　　상	R(Red)	G(Green)	B(Blue)
skyblue	87	CE	EB
slateblue	6A	5A	CD
slategray	70	80	90
snow	FF	FA	FA
springgreen	00	FF	7F
steelblue	46	82	B4
tan	D2	B4	8C
teal	00	80	80
thistle	D8	BF	D8
tomato	FF	63	47
turquoise	40	E0	D0
violet	EE	82	EE
wheat	F5	DE	B3
white	FF	FF	FF
whitesmoke	F5	F5	F5
yellow	FF	FF	00
yellowgreen	9A	CD	32